新金融工具准则在我国商业银行首次实施效果及实施成本研究

邵丽丽 ◎ 著

中国财经出版传媒集团
经济科学出版社
Economic Science Press

图书在版编目（CIP）数据

新金融工具准则在我国商业银行首次实施效果及实施成本研究/邵丽丽著. —北京：经济科学出版社，2020.5

（序伦财经文库）

ISBN 978-7-5218-1449-1

Ⅰ.①新… Ⅱ.①邵… Ⅲ.①商业银行-银行会计-会计准则-研究-中国 Ⅳ.①F832.2②F233.2

中国版本图书馆 CIP 数据核字（2020）第054528号

责任编辑：刘 丽
责任校对：刘 昕
责任印制：邱 天

新金融工具准则在我国商业银行首次实施效果及实施成本研究

邵丽丽 著

经济科学出版社出版、发行 新华书店经销

社址：北京市海淀区阜成路甲28号 邮编：100142

总编部电话：010-88191217 发行部电话：010-88191522

网址：www.esp.com.cn

电子邮箱：esp@esp.com.cn

天猫网店：经济科学出版社旗舰店

网址：http://jjkxcbs.tmall.com

固安华明印业有限公司印装

710×1000 16开 10.75印张 150000字

2020年5月第1版 2020年5月第1次印刷

ISBN 978-7-5218-1449-1 定价：56.00元

（图书出现印装问题，本社负责调换。电话：010-88191510）

前言

2017年我国财政部修订印发了四部与金融工具相关的会计准则（四者并称新金融工具准则），修订内容涵盖了金融工具的分类与计量、金融资产减值、套期会计、金融工具列报与披露等多方面。新准则从2018年起在上市公司渐进式推进，至2021年在非上市企业中全面施行。商业银行是我国经济体系的重要组成部分，对经济平稳健康发展具有重要意义。金融工具业务又是商业银行的主要经济业务，本次新金融工具准则（以下简称新准则）的修订和实施可能会对整个银行业的会计实务、信息披露、金融监管、金融稳定等方面产生广泛而深刻的影响。

我国商业银行的数量和类型众多，不同商业银行的资产规模和业务结构的差异较大，再加上新准则从2018年起在上市商业银行中分批次、分类别地逐步推进，这都可能导致相同的新准则在不同商业银行中的实施效果迥异。如何及时了解新准则在各类商业银行中的实施概况，评估其实施效果，分析其对商业银行金融监管指标及财务业绩指标的影响等，已经成为包括投资者和分析师在内的报表使用者、会计准则制定者、金融监管者、税收征管部门、银行业协会等众多利益相关者共同关心的实务议题，也是理论界一项亟须解决的研究议题。

新准则在商业银行中的实施成本是另一项理论界和实务界共同关心的议题。早在新准则尚处于修订阶段时，实务界和理论界就一致认为新准则的引入将给我国商业银行带来高昂的实施成本。然而由于新准则在商业银行中的实施成本属于管理会计的范畴，不像财务会计那样需要对外披露，此外还涉及管理团队、管理流程、风险管理系统、信息技术系统等敏感信息，再加上我国各商业银行成立年限和发展历程不同，其固有的信息技术和估值技术等基础也存在较大差异，目前几乎没有理论研究为新准则在我国商业银行中的实施成本进行系统分析或提供数据支持。因此，对我国商业银行实施新准则的过程开展实地调研，翔实地刻画出新准则在商业银行中的实施过程和实施成本，不仅有助于为新准则实施成本的理论探讨提供客观真实的现实依据，还有助于新准则制定者和金融监管者对商业银行提供后续指导或出台相应政策提供数据支持。

进入 2019 年 3 月之后，各家上市商业银行 2018 年年报陆续披露。年报信息表明，已有多家上市商业银行在 2018 年正式采用或提前实施新准则及其配套规定，这使得对我国商业银行执行新准则的实施效果开展全景式的定量研究成为可能。此外，新准则在商业银行中的实施过程和实施成本的信息更为敏感，也因“行”而异，更适宜采用个案式的研究方法展开。因此，本书主体部分采用全样本分析法评估各类商业银行首次执行新准则的实施效果，运用问卷调查、现场访谈、实地调研等方法展示新准则在某商业银行中的实施过程和实施成本。沿着以上思路，展开本书主体部分的研究。除“第 1 章　引言”之外，本书其余章节主要安排以下内容。

第 2 章，基于已有文献和理论研究成果，介绍了新准则的修订背景、修订内容及实施难点。

第3章，以上市商业银行2016—2017年年报为数据来源，采用全样本分析的方法对A股、A+H股和H股等46家上市商业银行的银行类型及其金融工具业务特征进行理论分析，分析其对新准则实施的影响，推断新准则在某商业银行实施中可能存在的难点及潜在的风险。

第4章，通过手工搜集数据的方法，汇总整理了我国最早实施新准则的26家上市银行的2018年年度报告，描述了我国上市商业银行首次实施新准则的整体进度，报告了各类商业银行对新准则中的各项具体准则的执行情况，分析新准则的实施对各类商业银行金融监管指标及财务业绩指标的影响等，在一定程度上展示新准则在上市商业银行中的首次实施效果。

第5章，通过问卷调查和实地调研的研究方法，展示了新准则在A银行中的具体实施过程及实施过程中的困难及思考，能更细致、真实地展现商业银行导入新准则的过程，为后续诸多商业银行全面实施新准则提供可借鉴的经验和教训。

第6章，将国际会计准则理事会（International Accounting Standards Board，IASB）在《财务报告概念框架2018》中对财务报告成本的界定与实地调研结果相结合，从准则执行者的视角出发，构建了新准则实施成本的理论框架，为准则执行者引入新准则提供借鉴标准，也为准则制定者考量微观主体实施准则成本提供了可以量化衡量的具体指标。

第7章，在第5~6章的基础上，定性分析了新准则实施成本的影响因素，并据此提出相应的政策建议，以合理地减少由于会计制度变更导致微观经济主体的生产经营成本增加。

本书研究内容主要具有以下意义和贡献。

首先，本书展示了新准则实施前后各类上市商业银行在金融工具业务方面的表内财务数据和表外信息披露，有助于准则制定者评估新准则在各类商业银行中的实施概况、实施进度和实施效果；有助于金融监管者了解新准则在各类商业银行中的实施难点及其对金融监管指标的影响；有助于包括商业银行的投资者、储蓄户、分析师、供应商等在内的报表使用者理解新准则对各类商业银行财务业绩的差异化影响。

其次，本书翔实地记录了A银行实施新准则的过程，有助于相关领域的理论研究者和实务工作者深入理解新准则在商业银行中的实施难点；有助于为准则实施成本的理论探讨提供客观真实的数据支持和现实依据。当前，新准则正处于渐进式推进的过程中，这些实地调研资料也为众多尚未实施或正在考虑实施新准则的商业银行提供了可借鉴的经验，有助于正在考虑实施新准则的商业银行对照自身基础数据和业务实际，思考如何以更低的实施成本推动落实新准则。

最后，本书从准则执行者的角度出发，首次提出了新准则实施成本框架，并结合各项成本要素分析了准则实施成本的影响要素和降低途径，有助于金融监管者、税务征管部门及银行业协会等商业银行的业务监管和服务部门更好地了解新准则实施可能给商业银行带来的潜在风险，给予后续指导或出台相应政策提供数据支持，在进行后续监管或服务政策调整时统筹考虑相关成本，对相关的风险防微杜渐。

本书是作者所主持的中国会计学会2018年年度重点会计科研课题《我国企业会计准则体系建设实施情况研究——金融工具准则在商业银行中的实施概况、实施成本及成本降低路径研究》的阶段性成果之一，凝结了作者多年来在金融工具准则相关领域教学、科研和指导学生等过程中的心得和体会。在撰写过程中吸收了国内外同行的研究成果，更得到了众多领导、同事和同行的指导和帮助。感谢财政部会计准则委员会徐华新研究员为课题实施提供的大力支持，感谢本书中的A银行提供了宝贵的调研机会和翔实的案例数据，感谢学院的邵军教授、巩娜副教授和王冰洁老师与作者展开了多次研讨，感谢王君、文薇薇、殷切等学生在数据搜集、编辑排版等方面提供的帮助，最后，感谢我校“序伦财经文库”系列学术专著项目的资助，让本书得以在经济科学出版社出版，与更多读者分享作者的研究发现和学术观点。

由于作者能力和水平有限，本书难免存在疏漏之处，欢迎广大读者批评指正。

邵丽丽
2020年2月8日

目录

第 1 章　引　　言

1.1　制度背景

2017 年 3 ~5 月，我国财政部印发修订了四部与金融工具相关的会计准则，即《企业会计准则第 22 号——金融工具确认和计量》（China Accounting Standards 22—Financial Instruments：Recognition and Measurement，CAS 22）、《企业会计准则第 23 号——金融资产转移》（China Accounting Standards 23—Transfer of Financial Assets，CAS 23）、《企业会计准则第 24 号——套期会计》（China Accounting Standards 24—Hedging Accounting，CAS 24）和《企业会计准则第 37 号——金融工具列报》（China Accounting Standards 37—Presentation of Financial Instruments，CAS 37），四者并称新金融工具准则（以下简称新准则）。新准则在体系和内容上与国际会计准则理事会（International Accounting Standards Board，IASB）在 2014 年 7 月发布的《国际财务报告准则第 9 号——金融工具》最终版本（International Financial Reporting Standards 9—Financial Instruments，IFRS 9）趋同。根据新准则的要求，境内外同时上市的企业及在境外上市并采用国际财务报告准则或企业会计准则编制财务报告的企业自 2018 年 1 月 1 日起施行；其他境内上市企业自 2019 年 1 月 1 日起施行；执行企业会计准则的非上

市企业自 2021 年 1 月 1 日起施行。同时鼓励企业提前执行。

1.2 研究动机

金融工具业务是商业银行最主要的经济业务，新准则对商业银行的影响是全方位的，是一项牵一发而动全身的系统工程（黄艾舟，2018）。我国商业银行类型多，不同商业银行规模差异较大，金融工具的业务结构及特征迥异，再加上成立年限和发展历程不同所带来的信息技术和估值技术等基础的固有差异，可能导致同样的新准则在不同商业银行中的实施效果迥异。因此，掌握新准则在商业银行中的实施现状，评估新准则在商业银行中的实施效果，分析新准则对商业银行监管指标或财务指标的影响等，已经成为包括投资者和分析师在内的报表使用者、会计准则制定者、金融监管者、税务征管部门、银行业协会等众多实务部门利益相关者共同关心的实务议题，也为理论界提出了多项亟须解决的研究议题。

事实上，从 IFRS 9 最终稿发布到中国版 IFRS 9 的新准则发布之前的过渡期内，国内理论界已就该准则部分条款的合理性及其在我国商业银行中的适用性展开了激烈的讨论，并形成了丰富的理论研究成果（王菁菁和刘光忠，2014；黄世忠，2015；邱月华和曲晓辉，2016）。进入 2018 年之后，新准则及其配套规定已逐步进入各商业银行的实务操作阶段，随着各上市商业银行 2018 年年报的陆续披露，对商业银行首次实施新准则的情况开展全面的定量分析已成为可能，这将有助于学者们从实践中获得前述各项研究议题所需的数据支持和依据。而展示新准则在我国商业银行中的实施现状，评估其实施效果及对相关监管和财务指标的影响等，也正是本书的研究目的之一。

除了新准则的实施效果之外，新准则在商业银行中的实施成本也是理论界和实务界共同关心的另一项研究议题。

从理论界的相关研究来看，早在新准则征求意见阶段，已有不少学者提出，IFRS 9 的引入将给我国商业银行带来很高的实施成本（黄世忠，2010；王菁菁和刘光忠，2014；刘颖等，2016；邱月华和曲晓辉，2016）。然而，目前相关的理论研究主要集中在会计准则的实施情况（蔡琦梁，2007；吴水澎和徐莉莎，2008；财政部会计司课题组和刘玉廷，2009；易玄等，2010 等）、准则实施效果的影响因素（陈继初，2011）、准则变迁的经济后果（王立彦和张继东，2009；刘玉廷等，2010；李祎等，2016；戴文涛等，2017；叶康涛和臧文佼，2018 等）上，对准则转换或实施成本的定性和定量研究则相对较少。

实务界对新准则实施成本的关注程度更高，已有多家银行（中国农业银行预期损失模型课题组和姚明德，2012；中国银行财务管理部会计准则课题组等，2013；中国银行财务管理部课题组和刘承钢，2017；中国人民银行乌鲁木齐中心支行会计财务处课题组，2017）、银行业协会（中国银行业协会和普华永道会计师事务所，2017）及各大会计师事务所（德勤会计师事务所，2014、2015；毕马威会计师事务所，2017；普华永道会计师事务所，2018）等实务部门围绕新准则在商业银行中的引入工作展开了实地调研或问卷调查，相应的专题报告或实地调研报告大多是关于预判和评估新准则在商业银行中的实施难点及影响程度的，在此过程中直接或间接地表达了实务界对新准则实施成本的担忧。德勤会计师事务所（2014、2015）曾就 IFRS 9 在国际大型商业银行中的预计实施成本展开过问卷调研。除此之外，尚无理论或实务研究成果对新准则在我国商业银行中的实施成本进行系统分析或提供数据支持。本书将对我国商业银行实施新准则的过程开展个案式的实地调研，希望能为新准则的实施成本提出相对完整的理论框架，为新准则实施成本的定量研究提供客观真实的数据支持，同时也为准则制定者和金融监管者提出可供参考的政策建议。

1.3 研究框架

鉴于以上研究动机，展开全景式和个案式的研究，本书各章之间的逻辑关系如图 1.1 所示。

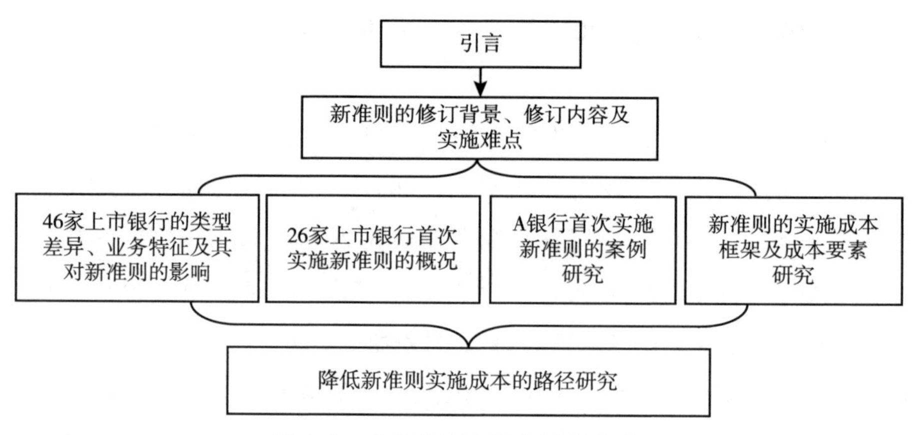

图 1.1　本书各章之间的逻辑关系

1.4 研究内容

如图 1.1 所示，第 2 章主要介绍新准则修订的相关背景、新旧准则的主要差异及新准则的理论难点；第 3 章将以我国 46 家上市银行 2016—2017 年年报为数据来源，对我国商业银行实施新准则之前的金融工具业务特征进行定性和定量分析，探讨商业银行的类型差异及其业务特征可能对新准则实施带来的潜在影响；第 4 章将以 26 家首批执行新准则并按时发布 2018 年年报的上市商业银行为研究对象，手工搜集整理这些上市银行 2018 年年报中与新准则相关的表内数据和表外信息，从商业银行实施新准则的整体进度、金融资产四分类转三分类的对应关系、金融资产三分类分布、金融负债两分类分布、金融资产减值、新套期会计实施、新准则的列报与披露、新准则实施对金融监管指标的影响及新准则实施对净利差等财务指标的影响九个方面入手，分析我国上市商业银行首次实施新准则的概况；第 5 章以实地调研为研究方法，对某大型上市商业银行对新准则的实施进度、实施过程、实施方案、实施中的困难与思考等展开调研；第 6 章通过理论分析从准则执行者的视角出发，构建了新准则实施成本框架，在该实施成本框架下，结合实际案例、模拟案例及商业数据库等数据资料，阐述商业银行在新准则实施过程中的四项成本要素；基于前 6 章的理论研究、数据分析和案例研究，第 7 章汇总分析新准则在商业银行实施成本的影响因素，为降低新准则的实施成本提出具体的政策建议及方法。

第 2 章　新准则的修订背景、修订内容及实施难点

2.1　新准则的修订背景

2002 年 IASB 与美国财务会计准则委员会（American Financial Accounting Standards Board，FASB）签署“诺沃克协议”（Norwalk Agreement），启动金融工具会计处理改革等多个修订项目。2008 年金融危机爆发后，二十国集团（G20）要求 IASB 加紧修订金融工具等会计准则，以解决当时适用的会计准则中金融工具分类的主观性强及金融资产减值计提引起顺周期等问题。2009 年 IASB 启动了金融工具准则改革项目。2009—2013 年，相继发布了金融资产分类与计量、减值及套期会计等阶段的征求意见稿及补充文件，几经修订之后至 2014 年 7 月正式发布 IFRS 9 的最终稿。该准则于 2018 年 1 月 1 日正式实施，准许企业提前执行。

为与 IFRS 9 的修订持续趋同，2017 年我国财政部印发修订了 CAS 22、CAS 23、CAS 24 和 CAS 37，要求 A + H 股上市公司，自 2018 年 1 月 1 日起实施新金融工具相关准则；A 股上市公司，自 2019 年 1 月 1 日起实施相关准则；执行企业会计准则的非上市企业，自 2021 年 1 月 1 日起实施相关准则；对于具备条件、有意愿和有能力提前执行相关准则的企

业，鼓励其提前实施。

与新准则相配套的，财政部于 2018 年 12 月为 CAS 22、CAS 23、CAS 24 和 CAS 37 发布了其会计准则应用指南，对新准则的落地提供了细化指导；同月发布《关于修订印发 2018 年度金融企业财务报表格式的通知》（以下简称《新报表格式》）。《新报表格式》对金融企业财务报表格式进行了修订，对新准则下的金融工具相关科目名称、列报格式及其所涵盖的核算范围等进行了统一规范。

2.2 新准则的主要修订内容

已有相当多的理论和实务研究总结分析了新旧金融工具准则的差异，中国人民银行乌鲁木齐中心支行会计财务处课题组（2017）、黄艾舟（2018）等在研究中总结了新准则修订中与商业银行业务联系较紧密的主要内容，大致包括三方面：金融资产分类从旧准则下的“四分类”改为“三分类”；金融资产减值会计处理从旧准则下的“已发生损失法”改为“预期信用损失法”；修订套期会计的相关规定。以上三部分内容主要涉及 CAS 22 和 CAS 24 两套准则，CAS 23 主要针对的是资产证券化，关于这部分内容新旧准则并无颠覆性变化，只是细节上的修正，对商业银行的影响不大。除此之外，CAS 37 和《新报表格式》的发布也引起了新旧准则的实施差异。相关内容简要概括如下。

2.2.1 CAS 22 金融工具分类与计量

旧准则下金融工具的确认和计量按管理层持有意图和目的分为以下四类：以公允价值计量且其变动计入当期损益的金融资产（Fair Value through Profit and Loss，FVTPL）、持有至到期投资（Held to Maturity Investments，HTM）、贷款及应收款项（Loans and Receivables，L&R）、可供出售金融资产（Available for Sale，AFS）。而新准则下则将金融资产的业务模式以及是否能通过“合同现金流量仅为对本金和以未偿付本金金额为基础的利息的支付”的测试（Solely Payments of Principal and Interest Test，SPPI 测试），作为金融资产分类的依据，从而将金融资产分为以下三类：以摊余成本计量的金融资产（Amortized Cost，AC）、以公允价值计量且其变动计入其他综合收益的金融资产（Fair Value through Other Comprehensive Income，FVOCI）和以公允价值计量且其变动计入当期损益的金融资产（FVTPL）。

2.2.2 CAS 22 金融资产减值

新准则采用预期信用损失（Expected Credit Loss，ECL）模型对金融资产计提减值。具体而言，新准则根据金融资产信用风险的变动，将其分为三个阶段，对各阶段采用不同方法计提减值准备。如果信用风险自初始确认后并未显著增加的，则划分为第一阶段；如果信用风险自初始确认后已显著增加的，则划分为第二阶段；如果信用风险已经显著增加至出现减值损失证据的，则划分为第三阶段。第一阶段以该金融工具未来 12 个月内预期信用损失的金额计量其减值准备，处于该阶段的金融资产以其账面价值和实际利率计算其利息收入。第二阶段按照该金融工具整个存续期内预期信用损失的金额计量其减值准备，处于该阶段的金融资产的利息计算方法与第一阶段相同。第三阶段减值准备的计提方法与第二阶段相同，但是利息使用金融资产扣除减值准备之后的账面净值乘以实际利率计算。

2.2.3 CAS 24 套期会计

新准则中的套期会计更强调反映企业风险管理活动的实质，修订内容大体包括以下几方面：扩大了套期工具和被套期项目的范围；取消了部分阻碍套期会计应用的限制条件；全面修改了套期有效性的评价标准，强调套期工具和被套期项目之间的经济关系；引入套期成本概念，将期权时间价值、远期合约的远期要素和掉期合约的基差部分作为套期成本，减少了套期会计的实施对损益的影响；引入套期关系再平衡机制；提高了终止套期会计的要求等。

2.2.4 CAS 37 与《新报表格式》

CAS 37 对 CAS 22 和 CAS 24 中新修订的金融资产分类、金融资产减值、套期业务等提出了广泛而细致的信息披露要求。《新报表格式》（2018）则主要围绕新准则的实施对表内列报格式进行了调整，主要体现在以下三方面：①部分金融资产报表行项目可能反映多种计量基础，如“发放贷款和垫款”及“金融投资”这些报表行项目均反映了多种计量属性，需通过二级报表行项目或报表附注等途径展示其不同的计量属性；②利润表中新增了某些报表行项目，如在利润表中新增了“以摊余成本计量的金融资产终止确认产生的损益”这一报表行项目，用于单独列报终止确认 AC 金融资产而产生的损益，以防止企业在业务模式判断中出现可能的重大差错；③某些报表行项目的核算口径发生了变化，例如由于新准则的实施，银行能够列报为利息收入的范围缩小，不能通过 SPPI 测试的可转换债券、交易性金融资产的债券投资、分类为 FVTPL 的金融资产等的利息收入将不再列入利息收入报表行项目。

2.3 新准则在商业银行中的实施难点

新准则在引入商业银行的过程中遇到了巨大的困难或挑战，被广泛提及的挑战包括数据、系统、估值、沟通、风险管理等方面。前述各项具体金融工具准则在实务中的实施难点又各有不同，具体如下所述。

2.3.1 金融工具分类与计量的实施难点

毕马威会计师事务所（2017）认为，CAS 22 在金融工具分类和计量上的实施难点包括 SPPI 测试、业务模式评估、金融资产估值等三方面。具体而言，SPPI 测试需要对含有非标条款的合同进行个别评估，工作量较大且耗费时间；在进行基准现金流量测试时，可能存在对利息重定价的频率与收息频率不一致的情况；对业务模式评估的难点在于，对 CAS 22 第 16 条和第 76 条所提及的“贷款条款中的提前还款特征的公允价值是否非常小”的尺度把握，有时需要通过人工判断来对资产进行适当的分类和计量；估值方面的难点在于，在新准则下，公允价值计量的适用范围可能扩大，需要引入更多的估值技术，然而目前我国商业银行多借助中央国债登记结算有限责任公司和彭博咨询信息系统对金融工具进行估值，拥有自主研发的估值系统的商业银行较少（中国农业银行四川省分行财务会计部课题组，2018），因此，公允价值计量的要求又会导致准则实施成本和监管成本的攀升（邱月华和曲晓辉，2016）。

2.3.2 预期信用损失模型的实施难点

理论界与实务界对新准则中 ECL 部分的争议最大（王菁菁和刘光忠，2014），其中一个很重要的原因在于其在实务界实施过程中的难点较多。

李峰和吴海霞（2015）认为我国银行实施 ECL 模型在实务操作技术层面和组织流程人员层面都面临一定的挑战，在实务操作技术层面的主要困难包括实施时间紧迫、数据基础和质量较低、系统整合要求高等，在组织流程人员层面的主要困难包括董事会和管理层重视程度不够，对部门协作的要求高。张金良（2015）认为 ECL 的实施将使商业银行面临模型构建、信贷管理、工作流程改变等方面的挑战，需要做好影响评估、风险管理策略和信息沟通机制等方面的准备。毕马威会计师事务所（2017）认为新准则中 ECL 的实施难点有三方面：①对不同损失阶段的划分；②现有减值模型的转换和更新；③ECL 对历史数据和信息系统的要求。具体而言，首先由于现有银行贷款五级分类的划分标准与信用风险三阶段的划分标准并无明确的映射关系，而信用风险三阶段的划分又将导致不同的减值计量结果，需要密切监控不同损失阶段的状态及变化情况，以及其对资产负债表和损益表的影响。其次，如果银行为满足新准则的要求，以原有信用风险损失模型及流程为基础拓展和改进 ECL 模型，则其对现有模型需要开展大量的评估和建设工作。最后，无论是未来 12 个月的预期信用损失，还是整个存续期的信用损失的计算，都需要广泛而详细的数据及完善的信息技术系统来支持。

2.3.3 新套期会计的实施难点

CAS 24 的修订目标是降低套期会计复杂性，构建以原则为导向的新套期会计模式，使套期会计与企业风险管理活动联系得更紧密。从理论上看，这部分修订应当能减轻企业会计处理的工作量（邱月华和曲晓辉，2016）。然而来自实务界的数据表明，银行对新套期会计准则的实施动力不足。财务报告委员会（Financial Report Council，FRC）曾在 2018 年对全球 9 家大型银行①2018 年半年报进行了深入分析，并调研了这些银行对 IFRS 9 的执行进度与程度，以及其 2018 年半年报中与 IFRS 9 相关的信息披露质量。调研结果显示 9 家调研对象中无一家银行执行了 IFRS 9 中的

① 调研报告并未提供 9 家银行的详细名单，从已披露的信息中可以推测，至少包括英国维珍金融控股公司（Virgin Money Holdings，UK）、汇丰控股有限公司（HSBC Holdings PLC）、渣打集团有限公司（Standard Chartered PLC）、苏格兰皇家银行集团有限公司（The Royal Bank of Scotland PLC）、巴克莱银行（Barclays PLC）等大型银行。

套期会计要求，均选择继续执行未修订之前的套期会计规定。其中可能的原因有两点：第一，由于目前商业银行中的套期业务量并不大，在首次执行 IFRS 9 的过程中，银行主要的精力都率先投入到金融资产分类计量及资产减值等问题上，套期会计就显得不那么紧迫了；第二，考虑到套期会计的实施需要提供套期指定文件，涉及有效性评价方法的修改，相关配套文件随着准则的变更都需要做出相应的调整，加上部分套期业务本身跨度较短，可能在一个会计年度内就已经结束，中途换会计核算方法的投入成本不小。

这一结论在德勤会计师事务所（2014）开展的全球银行业第四次调查报告中也得到了佐证，有 2/3 的受访银行表示他们会选择在执行 IFRS 9 时保留《国际会计准则第 39 号——金融工具：确认与计量》（International Accounting Standards 39 - Financial Instruments：Recognition and Measurement，IAS39）中的套期会计，因为维持现有做法并不需要开展额外的工作。

第3章　46家上市银行的类型差异、业务特征及其对新准则的影响

新准则在商业银行中的实施状况及实施成本与商业银行原有的金融工具业务特征密切相关。2.2节的理论分析表明，新旧金融工具准则的差异主要涉及金融资产的分类与计量、金融资产减值、套期会计、报表列示和信息披露四方面。本章将以我国2019年1月底之前完成首次公开募股（Initial Public Offering，IPO）的46家上市商业银行为研究对象，通过分析其2016—2017年的年报信息，掌握其在实施新准则之前的金融工具业务总量及结构特征。

3.1　46家上市商业银行的基本类型

鉴于我国商业银行类型繁多，各类银行在金融工具业务的总量和结构方面有较大差异（宋非洁，2018），以下借鉴安永会计师事务所（2018）和毕马威会计师事务所（2018）在其调研报告中所采用的划分标准，结合中国银行保险监督管理委员会（以下简称银保监会）2019年对中国邮储银行的属性认定，将46家上市商业银行分为大型商业银行（6家）、全国性股份制银行（9家）和城/农商银行（31家）三类。此外，考虑到新准则的实施进度与商业银行所选择的上市地有关，此处同时列出这46家

商业银行的上市地，具体名单见表 3－1。

表 3－1　　三类上市商业银行的名单

银行类型	上市地	银行类型	银行类型	上市地	银行名称	上市地	银行名称
6 家大型商业银行	A+H	农业银行	31 家城/农商银行	A+H	郑州银行	A	宁波银行
	A+H	交通银行			青岛银行		江阴银行
	A+H	工商银行		H	锦州银行		张家港行
	A+H	建设银行			中原银行		无锡银行
	A+H	中国银行			广州农商银行		江苏银行
	H	邮储银行			天津银行		杭州银行
9 家全国性股份制银行	A	平安银行			江西银行		南京银行
		浦发银行			重庆银行		常熟银行
	A+H	光大银行			盛京银行		北京银行
		民生银行			甘肃银行		上海银行
		招商银行			重庆农村商业银行		长沙银行
		中信银行			徽商银行		成都银行
	H	浙商银行			九台农商银行		紫金银行
	A	华夏银行			哈尔滨银行		贵阳银行
		兴业银行			泸州银行		吴江银行
					九江银行		

资料来源：Wind 数据库。

3.2　各类商业银行中金融资产的业务特征

3.2.1　各类商业银行中金融工具业务的总量

表 3－2 中 Panel A 的结果表明，尽管大型商业银行只有 6 家，但在总

表3－2　三类商业银行的总资产及金融资产规模

Panel A　总资产的统计指标

年度	银行类型	样本数/家	合计数/百万元	最小值/百万元	均值/百万元	中位数/百万元	最大值/百万元	标准差/百万元
2016	大型商业银行	6	99 488 708	8 265 622	16 581 451	18 859 475	24 137 265	6 689 103
	全国性股份制银行	9	40 396 962	1 354 855	4 488 551	5 857 263	6 085 895	1 855 484
	城/农商银行	31	17 257 859	53 093	556 705	373 104	2 116 339	506 741
2017	大型商业银行	6	106 783 037	9 012 551	17 797 173	20 260 403	26 087 043	7 137 613
	全国性股份制银行	9	41 813 893	1 536 752	4 645 988	5 677 691	6 416 842	1 844 871
	城/农商银行	31	19 471 641	70 879	628 117	464 106	2 329 805	548 617

Panel B　金融资产/总资产比例的统计指标

年度	银行类型	样本数/家	最小值/(%)	均值/(%)	中位数/(%)	最大值/(%)	标准差/(%)
2016	大型商业银行	6	76. 50	77. 92	77. 64	79. 90	1. 43
	全国性股份制银行	9	74. 93	81. 72	82. 29	87. 80	3. 79
	城/农商银行	31	59. 68	80. 38	81. 14	87. 18	5. 68
2017	大型商业银行	6	76. 08	79. 05	79. 23	81. 57	2. 10
	全国性股份制银行	9	77. 74	83. 74	83. 65	87. 08	2. 78
	城/农商银行	31	71. 16	82. 72	83. 57	88. 20	3. 90

资料来源：Wind数据库。表3－2中Panel A中的商业银行规模采用当年末总资产金额衡量，表3－2中Panel B中的金融资产不包括资产负债表中的“现金及存放中央银行款项”，只涵盖“FVTPL资产”“衍生金融资产”“应收款项类投资”“买入返售金融资产”“发放贷款和垫款”“HTM”和“AFS”科目中的金额。

资产规模上占绝对优势，此类银行2016年（2017年）的总资产合计占所有46家商业银行总资产的63.31%（63.54%）。与2016年相比，2017年各类商业银行的总资产规模都有一定程度的增长。表3-2中Panel B中的结果表明，金融资产是商业银行总资产中最重要的资产类型。

3.2.2 各类商业银行的贷款业务情况

新准则的适用范围主要针对金融资产，而贷款业务又是我国商业银行中最主要的金融资产业务，同时也是金融监管最关注的业务，表3-3列出了各类商业银行贷款业务的结构。

表3-3　　贷款业务在总资产中的占比情况

年度	银行类型	样本数/家	最小值/（%）	均值/（%）	中位数/（%）	最大值/（%）	标准差/（%）
2016	大型商业银行	6	35.56	48.70	50.30	54.80	7.13
	全国性股份制银行	9	32.75	43.87	45.66	53.04	7.20
	城/农商银行	31	22.62	36.08	35.68	54.00	7.73
2017	大型商业银行	6	39.30	50.21	51.13	56.84	6.29
	全国性股份制银行	9	36.60	48.69	50.57	54.71	6.10
	城/农商银行	31	26.07	37.21	35.80	51.38	7.19

资料来源：Wind数据库。

表3-3中的结果表明，在商业银行的所有金融资产中，发放贷款和垫款占有相对较大的数量优势。从中位数来看，大型商业银行的贷款业务占比最高，全国性股份制银行次之，规模最小的城/农商银行的占比最低，仅为35%左右；从标准差来看，城/农商银行中贷款占比的最小值和最大值的组内差距相对较大。

3.2.3 各类商业银行的应收款项类投资情况

表3－3的结果同时也表明，除传统贷款业务之外，在银行的金融资产中还有很多其他类别的金融业务。宋非洁（2018）在研究中发现，商业银行“应收款项类投资”所包括的项目相对较复杂，且不同银行在该项目上的具体构成也有较大差异。表3－4列出了各类商业银行中的应收款项类投资在总资产中的占比情况。

表3－4　　应收款项类投资在总资产中的占比情况

年度	银行类型	样本数/家	最小值/（%）	均值/（%）	中位数/（%）	最大值/（%）	标准差/（%）
2016	大型商业银行	6	1.21	5.29	2.81	18.13	6.39
	全国性股份制银行	9	8.38	19.48	17.25	39.64	10.74
	城/农商银行	31	0.86	18.67	14.26	52.25	11.83
2017	大型商业银行	6	1.06	4.75	2.63	15.81	5.52
	全国性股份制银行	9	9.09	14.97	12.59	29.82	6.97
	城/农商银行	31	1.18	18.40	17.45	47.46	10.24

资料来源：Wind数据库。

表3－4的结果表明，应收款项类投资在全国性股份制银行中的占比最高，均值接近20%，在城/农商银行中的占比次之，而在大型商业银行中的占比较小，均值仅为5%左右。与2016年相比，2017年应收款项类投资在大型商业银行、全国性股份制银行及城/农商银行中均有小幅下降。

3.2.4 各类商业银行的表外信用风险敞口情况

李峰和吴海霞（2015）认为新准则的ECL覆盖了信用承诺和财务担

保，这些表外信用风险敞口可能是新准则实施引起减值准备金提升的主要增长点之一。表 3 -5 列出了几类 A 股商业银行的表外信用承诺及财务担保的情况。

表 3 -5　　表外信用风险敞口情况

年度	银行类型	样本数/家	最小值/(%)	均值/(%)	中位数/(%)	最大值/(%)	标准差/(%)
Panel A　表外信用承诺及财务担保/表内贷款的统计结果							
2016	A 股大型商业银行	5	17.54	26.22	23.72	36.87	7.75
	A 股全国性股份制银行	8	13.64	61.98	38.56	240.78	73.02
	A 股城/农商银行	13	0.11	57.28	29.49	218.22	69.95
2017	A 股大型商业银行	5	16.95	27.02	25.27	36.36	7.58
	A 股全国性股份制银行	8	11.84	57.60	37.96	216.62	65.22
	A 股城/农商银行	13	0.17	54.15	25.12	219.27	67.71
Panel B　表外信用承诺及财务担保/表内总资产的统计结果							
年度	银行类型	样本数/家	最小值/(%)	均值/(%)	中位数/(%)	最大值/(%)	标准差/(%)
2016	A 股大型商业银行	5	8.35	13.51	13.00	19.78	4.25
	A 股全国性股份制银行	8	5.55	29.10	18.55	117.06	36.00
	A 股城/农商银行	13	0.06	21.33	12.78	103.46	28.02
2017	A 股大型商业银行	5	8.31	14.19	13.69	19.88	4.18
	A 股全国性股份制银行	8	5.48	29.12	19.38	110.72	33.64
	A 股城/农商银行	13	0.08	20.32	10.33	100.94	27.03

资料来源：经笔者手工搜集各 A 股商业银行 2016 年、2017 年年报附注后获取。

表 3 - 5 中的结果表明，表外信用承诺和财务担保等表外信用风险敞口在不同类型商业银行中的差异较大，其是全国性股份制银行和大型商业银行中很重要的一项表外贷款形式，对表内贷款起到了重要的补充作用。然而在城/农商银行中，这种表外信用风险敞口的比重极低，不到表内贷款额的 2‰。具体而言，表外信用风险敞口占表内资产的比重在全国性股份制商业银行中最高（详见均值），且组内差异较大（详见标准差）；该指标在大型商业银行中较低，且组内差异不大；在城/农商银行中也较低，但组内差异较大。

3.2.5 各类商业银行的逾期贷款总体情况

表 3 - 3 中的结果表明，发放贷款和垫款是各大商业银行最重要的金融资产之一，而贷款逾期又是贷款信用风险上升的重要标志。表 3 - 6 列出了三类商业银行逾期贷款的总体情况。

表 3 - 6　　逾期贷款占贷款总额的比例

年度	银行类型	样本数/家	最小值/（%）	均值/（%）	中位数/（%）	最大值/（%）	标准差/（%）
2016	大型商业银行	6	0.99	2.18	2.45	2.95	0.77
	全国性股份制银行	9	1.24	3.08	3.07	4.84	1.10
	城/农商银行	28	0.45	3.05	2.71	6.21	1.43
2017	大型商业银行	6	1.00	1.79	1.98	2.27	0.51
	全国性股份制银行	9	1.11	2.66	2.88	4.11	0.98
	城/农商银行	27	0.81	2.69	2.24	5.53	1.35

资料来源：Wind 数据库。

表 3 - 6 中的结果表明，大型商业银行的贷款信用风险管理相对较好，逾期贷款比例普遍较低，而全国性股份制银行及城/农商银行的逾期贷款比例则相对较高。

3.2.6 各类商业银行贷款逾期的期限特征

CAS 22 第 53 条规定“无论企业采用何种方式评估信用风险是否显著增加，通常情况下，如果逾期超过 30 日，则表明金融工具的信用风险已经显著增加。”此外，在银行监管实务中，通常认为逾期 90 天以上的贷款应划为不良贷款。从包括建设银行、农业银行、交通银行等大型商业银行 2018 年年报的信息披露来看，各商业银行也普遍将逾期 30 天作为信用风险显著上升的标准，而将逾期 90 天作为贷款损失发生的标准。

据此，本节将未逾期及逾期 1～30 天的贷款划分为第一阶段，逾期 30～90 天的贷款划分为第二阶段，逾期 90 天以上的贷款划分为第三阶段，以此为标准，对各类商业银行中的贷款业务进行三阶段的模拟划分。由于各商业银行对贷款逾期的信息披露口径有差异，此处借鉴王世军等（2018）的方法，假设逾期贷款在划分标准范围内均匀分布。例如，逾期 90 天贷款总额为 210 万元，则逾期 30 天以内的贷款为 70 万元。表 3－7 列出了各类商业银行中贷款业务的信用风险三阶段划分的模拟情况。

表 3－7　贷款业务的信用风险三阶段划分的模拟情况

Panel A　第一阶段贷款/贷款总额的统计结果							
年度	银行类型	样本数/家	最小值/（%）	均值/（%）	中位数/（%）	最大值/（%）	标准差/（%）
2016	大型商业银行	6	97.34	98.06	97.91	99.11	0.69
	全国性股份制银行	9	95.48	97.22	97.17	98.84	1.01
	城/农商银行	28	95.10	97.35	97.67	99.60	1.17

续表

Panel A　第一阶段贷款/贷款总额的统计结果							
年度	银行类型	样本数/家	最小值/（%）	均值/（%）	中位数/（%）	最大值/（%）	标准差/（%）
2017	大型商业银行	6	97.90	98.41	98.26	99.12	0.46
	全国性股份制银行	9	96.11	97.59	97.44	98.95	0.91
	城/农商银行	27	94.93	97.64	98.04	99.23	1.12
Panel B　第二阶段贷款/贷款总额的统计结果							
年度	银行类型	样本数/家	最小值/（%）	均值/（%）	中位数/（%）	最大值/（%）	标准差/（%）
2016	大型商业银行	6	0.19	0.49	0.46	0.79	0.23
	全国性股份制银行	9	0.17	0.60	0.60	0.93	0.22
	城/农商银行	28	0.10	0.81	0.55	2.62	0.66
2017	大型商业银行	6	0.24	0.40	0.39	0.59	0.14
	全国性股份制银行	9	0.12	0.50	0.55	0.76	0.20
	城/农商银行	27	0.07	0.66	0.42	1.92	0.56
Panel C　第三阶段贷款/贷款总额的统计结果							
年度	银行类型	样本数/家	最小值/（%）	均值/（%）	中位数/（%）	最大值/（%）	标准差/（%）
2016	大型商业银行	6	0.70	1.45	1.34	2.16	0.59
	全国性股份制银行	9	0.99	2.18	2.06	3.87	0.87
	城/农商银行	28	0.30	1.84	1.72	3.61	0.81
2017	大型商业银行	6	0.64	1.18	1.26	1.76	0.38
	全国性股份制银行	9	0.93	1.91	1.89	3.46	0.80
	城/农商银行	27	0.64	1.70	1.45	4.20	0.77

资料来源：Wind 数据库。

表 3－7 中的结果表明商业银行中的贷款绝大部分分布在第一阶段；分布在第三阶段的比例次之，该比例在全国性股份制银行中最高；只有很小比例的贷款分布在第二阶段。

3.2.7 各类商业银行的不良贷款偏离度情况

现行金融监管标准将贷款按其信用风险程度分为五级，分别为正常类、关注类、次级类、可疑类、损失类，后三类属于不良贷款。在旧金融工具准则下，通常只有不良贷款需要计提减值准备，正常类和关注类贷款则无须计提减值准备。而是否计提减值准备又将直接影响各银行最终的损益，这也使得一项贷款是否计入不良贷款成为金融监管与会计实务的“必争之地”。

自2017年至今，“将逾期90天以上的贷款余额全部纳入不良贷款范畴”的金融监管标准日渐收紧，至2018年12月已有包括陕西银保监局筹备组、上海银保监局等在内的各地金融监管者将其列为明确的监管要求。然而在银行实务中，这一标准在执行时又有一定的灵活性和差异性。

来自理论界的研究提供了全样本数据基础上的经验证据，李玉雯（2019）梳理了上市银行2018年半年报的数据之后发现，5家大型商业银行的不良贷款偏离度①均低于100%，而中小银行的不良贷款偏离度则良莠不齐。表3－8列出了三类商业银行的不良贷款偏离度情况。

表3－8　　三类商业银行不良贷款偏离度情况

年度	银行类型	样本数/家	最小值/（%）	均值/（%）	中位数/（%）	最大值/（%）	标准差/（%）
2016	大型商业银行	6	68.23	89.89	81.53	139.07	25.37
	全国性股份制银行	9	71.93	125.22	120.54	225.21	48.74
	城/农商银行	28	70.12	123.48	119.38	304.10	47.78

① 不良贷款偏离度等于逾期90天以上贷款与不良贷款的比值。

续表

年度	银行类型	样本数/家	最小值/（%）	均值/（%）	中位数/（%）	最大值/（%）	标准差/（%）
2017	大型商业银行	6	58.50	81.31	81.83	114.23	18.83
	全国性股份制银行	9	64.11	110.03	103.40	190.94	40.30
	城/农商银行	27	62.20	110.04	101.81	221.20	36.94

资料来源：Wind 数据库。

表 3－8 中的结果与李玉雯（2019）的研究发现大体一致，在城/农商银行中，不良贷款偏离度最高的甚至达到 300%。这意味着，如果严格执行“将逾期 90 天以上的贷款余额全部纳入不良贷款范畴”的金融监管标准，这些不良贷款偏离度高的商业银行将新增大量不良贷款，从而其对应的金融资产减值准备也可能大幅提高。

然而这一金融监管标准并非一个绝对公允的标准，实务操作中之所以存在灵活性和多样性也有其客观理由，其中一个较鲜活的例子：2018 年年底，中国证券监督管理委员会（以下简称证监会）对华夏银行申请非公开发行普通股股票提出了 10 个问题，其中一个问题就是“部分逾期 90 天以上贷款未计入不良贷款”。从华夏银行 2018 年 12 月 10 日对证监会的回复中可以看出，截至 2018 年 9 月 30 日，逾期 90 天以上未划归不良贷款的金额共计 261.57 亿元，而逾期 90 天以上未划归不良贷款的抵押类和质押类贷款、保证类贷款和信用贷款分别为 104.11 亿元、156.60 亿元和 0.86 亿元。其中第一项未计入不良贷款的理由在于相关贷款的保证人为专业担保公司或合作类业务，且为保证金充足的保证贷款，此类贷款的借款人经营状况尚可，且对应担保公司的反担保措施多为房产抵押；后两项未计入不良贷款的理由在于这部分抵质押贷款的抵质押物公允价值能够覆盖抵质押贷款余额，以上贷款抵质押物充足，预计不会产生损失。从该案例可以看出，即使同样是逾期 90 天以上的贷款，其背后的信用风险也可能相去甚远。

3.2.8 各类商业银行的衍生金融工具业务情况

CAS 24 的修订与衍生金融工具业务密切相关，表 3 –9 列出了商业银行中衍生金融工具业务（包括衍生金融资产和衍生金融负债）的概况。

表 3 –9　　衍生金融工具业务的概况

Panel A　衍生金融资产/总资产的统计结果

年度	银行类型	样本数/家	最小值/（%）	均值/（%）	中位数/（%）	最大值/（%）	标准差/（%）
2016	大型商业银行	6	0.07	0.37	0.41	0.72	0.23
	全国性股份制银行	9	0.03	0.27	0.27	0.80	0.22
	城/农商银行	31	0.00	0.08	0.00	1.58	0.29
2017	大型商业银行	6	0.07	0.30	0.36	0.49	0.16
	全国性股份制银行	9	0.11	0.41	0.32	1.15	0.31
	城/农商银行	31	0.00	0.13	0.00	3.04	0.55

Panel B　衍生金融负债/总负债的统计结果

年度	银行类型	样本数/家	最小值/（%）	均值/（%）	中位数/（%）	最大值/（%）	标准差/（%）
2016	大型商业银行	6	0.08	0.36	0.43	0.64	0.22
	全国性股份制银行	9	0.05	0.28	0.24	0.81	0.22
	城/农商银行	31	0.00	0.07	0.00	1.46	0.27
2017	大型商业银行	6	0.08	0.33	0.36	0.62	0.19
	全国性股份制银行	9	0.07	0.46	0.38	1.23	0.33
	城/农商银行	31	0.00	0.18	0.00	3.61	0.66

资料来源：Wind 数据库。

表 3 –9 中的结果表明，目前衍生金融工具业务在商业银行中的占比

总体不高，在所有大型商业银行和全国性股份制银行中均已开展了衍生金融工具业务[①]，至少有一半以上的城/农商银行尚未开展衍生金融工具业务[②]。具体而言，2016 年有 20 家城/农商银行尚无衍生金融资产或衍生金融负债，2017 年有 19 家（18 家）城/农商银行无衍生金融资产（衍生金融负债）。此外，Panel A 和 Panel B 的最大值恰巧都出现在城/农商银行中的宁波银行，这在一定程度上反映了衍生金融工具业务在城/农商银行中的差异较大。

为了进一步了解上市银行使用衍生金融工具的详细情况，笔者手工搜集整理了 2017 年之前上市的 25 家 A 股和 A + H 股上市商业银行 2016 年和 2017 年的年报，汇总了这些银行在这两年间曾使用过的衍生金融工具品种，具体见表 3 - 10。

表 3 - 10　上市商业银行 2016—2017 年衍生金融工具使用情况汇总

<table>
<tr><th colspan="4">Panel A　2016 年衍生金融工具使用情况</th></tr>
<tr><th>银行类型</th><th>上市地</th><th>银行名称</th><th>衍生金融工具类型</th></tr>
<tr><td rowspan="5">大型商业银行</td><td rowspan="5">A + H</td><td>农业银行</td><td>汇率衍生金融工具，利率互换/期权，贵金属远期/掉期</td></tr>
<tr><td>交通银行</td><td>汇率衍生金融工具，利率衍生金融工具</td></tr>
<tr><td>工商银行</td><td>汇率衍生金融工具，利率互换/期权，商品类衍生金融工具</td></tr>
<tr><td>建设银行</td><td>利率互换/期权，汇率衍生品，其他衍生金融工具</td></tr>
<tr><td>中国银行</td><td>汇率衍生金融工具，利率互换/期权，权益互换合约，商品类衍生金融工具</td></tr>
<tr><td rowspan="2">全国性股份制银行</td><td rowspan="2">A</td><td>平安银行</td><td>汇率远期/掉期，利率互换/期权，贵金属远期/掉期</td></tr>
<tr><td>浦发银行</td><td>汇率远期，货币掉期，利率互换，股票期权（权益衍生金融工具），商品类衍生金融工具，贵金属远期/掉期，汇率衍生金融工具，交叉货币利率互换</td></tr>
</table>

① 表 3 - 9 的 Panel A 和 Panel B 中所有大型商业银行和全国性股份制银行的最小值均大于零。

② 表 3 - 9 的 Panel A 和 Panel B 中城/农商银行的中位数为零。

续表

Panel A 2016年衍生金融工具使用情况			
银行类型	上市地	银行名称	衍生金融工具类型
全国性股份制银行	A	华夏银行	汇率远期，外汇掉期，利率互换
		兴业银行	利率互换/期权，汇率衍生品，信用类衍生金融工具，贵金属远期/掉期
	A+H	民生银行	货币掉期，货币远期，货币期权，利率掉期，其他衍生金融工具，延期选择权，信用类衍生金融工具，贵金属远期/掉期
		招商银行	外汇掉期，货币远期，货币期权，利率掉期，其他衍生金融工具
		光大银行	汇率衍生金融工具，利率互换/期权
		中信银行	汇率衍生金融工具，利率互换/期权，其他衍生金融工具
城/农商银行	A	宁波银行	汇率远期，货币掉期，利率互换，股票期权（权益衍生金融工具），贵金属远期/掉期
		江苏银行	汇率衍生金融工具，利率互换/期权
		杭州银行	利率互换，汇率远期
		南京银行	货币掉期，货币远期，利率期权，利率掉期，贵金属远期/掉期
		北京银行	货币掉期，货币远期，利率掉期
		上海银行	汇率衍生金融工具，利率互换/期权，其他衍生金融工具，商品类衍生金融工具
	A	常熟银行、江阴银行、张家港银行、无锡银行、贵阳银行、吴江银行（无衍生金融工具）	

Panel B 2017年衍生金融工具使用情况			
银行类型	上市地	银行名称	衍生金融工具类型
大型商业银行	A+H	农业银行	汇率衍生金融工具，利率互换/期权，贵金属远期/掉期
		交通银行	汇率衍生金融工具，利率衍生金融工具
		工商银行	汇率衍生金融工具，利率互换/期权，商品类衍生金融工具
		建设银行	利率互换/期权，汇率衍生品，其他衍生金融工具
		中国银行	汇率衍生金融工具，利率互换/期权，权益互换合约，商品类衍生金融工具

续表

<table>
<tr><th colspan="4">Panel B　2017 年衍生金融工具使用情况</th></tr>
<tr><th>银行类型</th><th>上市地</th><th>银行名称</th><th>衍生金融工具类型</th></tr>
<tr><td rowspan="8">全国性股份制银行</td><td rowspan="4">A</td><td>平安银行</td><td>汇率远期/掉期，利率互换/期权，其他衍生金融工具，贵金属远期/掉期</td></tr>
<tr><td>浦发银行</td><td>汇率远期，货币掉期，利率互换，股票期权（权益衍生金融工具），商品类衍生金融工具，贵金属远期/掉期，交叉货币利率互换</td></tr>
<tr><td>华夏银行</td><td>汇率远期，外汇掉期，利率互换，股票期权（权益衍生金融工具）</td></tr>
<tr><td>兴业银行</td><td>利率互换/期权，汇率衍生品，信用类衍生金融工具，贵金属远期/掉期</td></tr>
<tr><td rowspan="4">A + H</td><td>民生银行</td><td>货币掉期，货币远期，货币期权，利率掉期，其他衍生金融工具，商品类衍生金融工具，延期选择权，信用类衍生金融工具，贵金属远期/掉期</td></tr>
<tr><td>招商银行</td><td>外汇掉期，货币远期，货币期权，利率掉期，其他衍生金融工具，利率掉期</td></tr>
<tr><td>光大银行</td><td>汇率衍生金融工具，利率互换/期权</td></tr>
<tr><td>中信银行</td><td>汇率衍生金融工具，利率互换/期权，其他衍生金融工具</td></tr>
<tr><td rowspan="7">城/农商银行</td><td rowspan="6">A</td><td>宁波银行</td><td>汇率远期，货币掉期，利率互换，股票期权（权益衍生金融工具），贵金属远期/掉期</td></tr>
<tr><td>江苏银行</td><td>汇率衍生金融工具，利率互换/期权</td></tr>
<tr><td>杭州银行</td><td>利率互换，汇率远期</td></tr>
<tr><td>南京银行</td><td>货币掉期，货币远期，货币期权，利率期权，利率掉期，贵金属远期/掉期</td></tr>
<tr><td>北京银行</td><td>货币掉期，货币远期，利率掉期</td></tr>
<tr><td>上海银行</td><td>汇率衍生金融工具，利率互换/期权，商品类衍生金融工具</td></tr>
<tr><td>A</td><td colspan="2">常熟银行、江阴银行、张家港行、无锡银行、贵阳银行、吴江银行（无衍生金融工具）</td></tr>
</table>

资料来源：经笔者手工搜集各商业银行 2016 年、2017 年年报附注后获取。

表3－10中的结果表明，在2017年之前上市的25家A股和A＋H股上市商业银行中，有19家银行使用了多项衍生金融工具，而城/农商银行中有6家银行在2016年和2017年并未使用衍生金融工具。在使用衍生金融工具的商业银行中，较常使用互换（掉期）、期权和远期类衍生金融工具，对汇率和利率风险进行套保或投资。贵金属、商品类、权益类衍生金融工具也偶有使用。

3.3 金融工具业务特征对新准则实施的影响

3.3.1 各类商业银行的金融工具业务特征

表3－2中Panel B的结果表明商业银行的大部分资产都是金融资产，因此商业银行将普遍受到此次新准则修订的影响。前两节通过大样本描述性统计结果展示了我国商业银行在实施新准则之前的金融资产业务概况及特征，大致可归纳为以下几点。

1. 大型商业银行的金融工具业务特征

我国商业银行类型繁多，各类商业银行在金融资产总量和结构方面的差异较大。6家大型商业银行在总资产规模方面占有绝对优势，且主营业务结构较合理，金融产品相对规范，这体现在贷款与垫款业务占总资产的比例相对较高，而应收款项类投资占总资产的比例及表外信用承诺与财务担保占总资产的比例则相对低很多。此外，大型商业银行在贷款信用风险管理方面的质量相对较高，体现为逾期贷款占比较低，第一阶段贷款占比较高，不良贷款偏离度通常低于100%。

2. 城/农商银行的金融工具业务特征

与大型商业银行形成鲜明对比的是 31 家城/农商银行，金融产品业务复杂程度较高，传统的贷款与垫款业务占总资产的比例相对较低，而应收款项类投资占总资产的比例及表外信用承诺与财务担保占总资产的比例都相对高很多，且组内差距较大；从逾期贷款占比及贷款三阶段划分的比例来看，似乎与大型商业银行差距不大，然而考虑到其不良贷款偏离度较高，在一定程度上反映出此类银行贷款五级分类的标准还有一定的改进空间。

3. 全国性股份制银行的金融工具业务特征

从金融资产业务结构特征来看，9 家全国性股份制银行更接近于城/农商银行，在应收款项类投资占比、表外信用承诺及财务担保占比、第三阶段贷款占比等指标上甚至更高，这意味着其金融工具业务较为丰富，金融工具业务标准化程度可能更低。

综上所述，目前 46 家上市商业银行的金融资产业务的结构特征有较大差异，大体可分为大型商业银行与非大型商业银行两类，这两类商业银行在非衍生金融工具业务上的结构差异较明显，在衍生金融工具业务上则均表现为占比较低，进一步看，这也意味着前述两类商业银行在实施新准则时的实施难度及实施成本上的差距可能较大。

据此，本书以下部分的比较分析将基于大型商业银行与非大型商业银行两类展开。

3.3.2 各类商业银行的业务特征对新准则实施的差异化影响

1. 非大型商业银行的 SPPI 测试和估值压力较大

从表 3－4 所反映的各类商业银行中应收款项类投资占比指标来看，

非大型商业银行的金融工具业务结构较为复杂。从表 3 - 4 所反映的 2016—2017 年的变化趋势来看，应收款项类投资占比的指标在城/农商银行中反而有小幅上升。

中国人民银行乌鲁木齐中心支行会计财务处课题组（2017）、黄艾舟（2018）、宋非洁（2018）等的研究均表明，银行的金融投资科目中涵盖了非保本的理财产品、集合类信托计划、资产管理计划、票据贴现、福费廷等大量到期前出售的金融产品及部分非标投资①等。这些金融资产在按照新准则进行金融资产分类时，需要层层打开，开展 SPPI 测试，再视基础资产的具体情况进行后续分类，并无法简单地直接对应到某类金融资产上。在这一过程中，大量新老产品如何进行 SPPI 测试、这些测试是否能通过系统自动完成等实务操作问题会涌现出来，这无疑会大大增加 SPPI 测试系统开发难度，增加需要人工判断的工作量，有时甚至可能影响到银行前、中、后台的业务流程和内部控制。

此外，随着这些金融产品无法通过 SPPI 测试，很多原本划分至以摊余成本计量的金融资产需转至以公允价值计量的金融资产。如果此时这些非标资产恰好又缺乏活跃的市场报价，则将进一步给银行内部估值模型的开发带来压力。

2. 非大型商业银行中金融资产减值增幅更大

从表 3 - 5 所反映的信用承诺和财务担保等表外信用风险敞口的指标来看，非大型商业银行的表外信用风险敞口较大。表外信用承诺和财务担保又具体包括贷款承诺、银行承兑汇票、保函、信用证、担保及信用卡承诺等。这些表外信贷项目的信用风险程度并不完全一致，又可分为不可撤销和可撤销两类，各类业务的信用风险程度需要逐一确定。

---

① 非标资产全称是非标准化债券资产，是指未在银行间市场及证券交易所市场交易的债券性资产，包括但不限于信贷资产、信托贷款、委托债权、承兑汇票、信用证、应收账款、各类受（收）益权、带回购条款的股权性融资等。我国的非标投资主要以信托计划、资产管理计划及结构化主体投资为主。

除这些表外信贷项目之外，原先基本不计提或较少计提减值准备的同业资产、债券、应收款项类投资等在新准则下也需要计提减值准备。而表 3 - 4 中的结果表明非大型商业银行中的应收款项类投资占比指标远高于大型商业银行。

以上两点都意味着新准则的实施可能导致非大型商业银行的金融资产减值出现大幅增长，而与之适配的 ECL 模型所需要的基础数据搜集、系统更新、流程再造等工作也将接踵而来。

3.3.3 各类商业银行的业务特征对新准则实施的普遍性影响

1. 贷款主要划分至信用风险第一阶段

在 ECL 模型下，当信用风险显著增加，金融资产从第一阶段下迁至第二阶段时，相应的减值预期时间从 12 个月扩展到长于 12 个月的整个贷款存续期，跳跃幅度较大，其技术难度将出现指数级上升，可能出现减值准备突增的"悬崖效应"。

表 3 - 7 中的模拟结果显示，目前商业银行的贷款绝大部分分布在第一阶段，分布在第三阶段的次之，只有很小比例的贷款分布在第二阶段。这三阶段的分布状况使得银行在实施新准则时，主要的减值模型设定工作集中在第一阶段和第三阶段，技术难度相对降低。另外，这三阶段分布状况，有可能在一定程度上缓解金融资产减值准备出现的"悬崖效应"。

2. 套期保值业务对商业银行的整体影响不大

表 3 - 9 中的结果在一定程度上支持了 FRC（2018）的调研结果，尽管所有的大型商业银行和全国性股份制银行及一半左右的城/农商银行均已开展了衍生金融工具业务，但该业务的整体占比较小，其中用于自营性套期保值意图的可能更少。据此可知，CAS 24 目前对我国上市商业银行的整体影响不大。

第4章　26家上市银行首次实施新准则的概况

新准则从2018年起在各类金融与非金融企业中逐步实施，也鼓励企业提前实施，因此在2018—2021年准则更替的过渡期内，将会出现新旧金融工具准则混用的情形。

4.1　商业银行实施新准则的整体进度

截至2019年1月底共有46家商业银行在A股或H股市场上市。通过手工搜集整理这些商业银行2018年半年报和年报信息，笔者发现，这46家上市商业银行中有27家上市银行实施了新准则，其中A股上市的商业银行2家，A+H股上市的商业银行11家，H股上市的商业银行14家；另19家上市银行则仍执行旧金融工具准则。该数据与安永会计师事务所2018年5月及毕马威会计师事务所2018年11月公布的中国银行业2018年调研报告数据一致。这46家商业银行执行新旧准则的概况见表4-1。

表 4 – 1　　新准则在商业银行中的实施进度概况

银行类型	上市地	银行名称	执行新准则	银行类型	上市地	银行名称	执行新准则	上市地	银行名称	执行新准则
6 家大型商业银行	A + H	农业银行	是	31 家城/农商银行	A + H	郑州银行	是	A	宁波银行	否
	A + H	交通银行				青岛银行			江阴银行	
	A + H	工商银行			H	锦州银行			张家港银行	
	A + H	建设银行				中原银行			无锡银行	
	A + H	中国银行				广州农商银行			江苏银行	
	H	邮储银行				天津银行			杭州银行	
9 家全国性股份制银行	A	平安银行	是			江西银行			南京银行	
		浦发银行				重庆银行			常熟银行	
	A + H	光大银行				盛京银行			北京银行	
		民生银行				甘肃银行			上海银行	
		招商银行				重庆农村商业银行			长沙银行	
		中信银行				徽商银行			成都银行	
	H	浙商银行				九台农商银行			紫金银行	
	A	华夏银行	否			哈尔滨银行			贵阳银行	
		兴业银行				泸州银行	否		吴江银行	
						九江银行				

资料来源：经笔者手工搜集各商业银行 2018 年半年报和年报后获取。

考虑到锦州银行2018年年度报告的特殊情况[①]，以下部分的定量分析，主要以已实施新准则并能够按时出具2018年年报的26家上市银行为研究对象，对其实施新准则后的财务报表数据及报表附注信息进行分析，以展示新准则在上市银行中的实施情况和实施效果。此外，本节的定量分析对象仅指适用CAS 22、CAS 23、CAS 24和CAS 37的各项金融资产和金融负债，不包括长期股权投资和融资租赁应收款等。

4.2 新准则下金融资产四分类转三分类的对应关系

CAS 22将金融资产按其计量属性从四分类转至三分类，在新准则实施之前已有不少学者预估了新旧两套准则下金融资产分类的对应情况（张金良，2015；宋非洁，2018；王世军等，2018），具体到每个商业银行，又会因其各项金融工具产品的业务模式和合同现金流量特征的不同而不同。

以中国银行为例，其将旧金融工具准则下的金融资产转换为新准则下的金融资产类别的转换过程和结果具体见表4－2。

表4－2中的结果展示了中国银行从旧准则下的金融资产四分类过渡到新准则下的金融资产三分类的转换过程及转换结果，具体来看，中国银行在新准则下的AC类金融资产来源于以下几部分：能通过SPPI测试的部分贷款及垫款、AFS、HTM、应收款项类投资、少量FVTPL。新准则下的FVOCI金融资产来源于以下两部分：未通过SPPI测试的部分贷款及垫款、金融投资中的FVOCI—债务工具及FVOIC—权益工具。新准则下的FVTPL来源于以下三部分：旧准则下的交易性金融资产及其他FVTPL资产、指定为FVTPL的资产和衍生金融资产。

---

① 2019年5月31日，锦州银行董事会及其审计委员会接获安永华明会计师事务所的辞任函，之后锦州银行发布公告称，该行董事会已决定委任国富浩华（香港）会计师事务所为新任核数师，以填补安永华明会计师事务所辞任后的空缺，故其2018年度年报推迟发布。

表 4－2　　　　新旧准则下金融资产分类的转换及对应关系

（从 2017 年 12 月 31 日调整至 2018 年 1 月 1 日）

调整前列报项目	金额/百万元	调整后列报项目	金融资产三分类	项目明细占比/(%)	三分类金融资产/百万元	金融资产/总资产/(%)
现金及存放中央银行款项	2 303 020	现金及存放中央银行款项	AC	13.94	16 520 803	85.04
存放同业款项	484 785	存出同业款项		2.93		
拆出资金	486 463	拆出资金		2.94		
买入返售金融资产	88 840	买入返售金融资产		0.54		
金融投资——AFS	262 890	AC		16.47		
金融投资——HTM	2 072 540					
金融投资——应收款项类投资	380 650					
FVTPL	4 799					
发放贷款和垫款（AC 部分）	10 436 816	发放贷款和垫款		63.17		
发放贷款和垫款（FVOCI 部分）	179 179	发放贷款和垫款	FVOCI	10.62	1 687 706	8.69
金融投资及其他 FVTPL 资产	1 494 842	FVOCI——债务工具		88.57		
	13 685	FVOCI——权益工具		0.81		
	316 117	FVTPL——交易性金融资产及其他 FVTPL 资产	FVTPL	73.03	432 852	2.2
	21 823	FVTPL——指定		5.04		
衍生金融资产	94 912	衍生金融资产		21.93		
总资产	19 426 735					95.96

资料来源：根据中国银行 2018 年半年报附注 1.1.1 推算汇总而成，表 4－2 将“现金及存放中央银行款项”也视为金融资产。

表4－2中的结果表明，按新准则的要求对金融资产进行分类之后，中国银行的金融资产占总资产的96%，AC类金融资产占总资产的85%，是所有金融资产中占比最高的，AC类金融资产中占比最高的部分又来自发放贷款与垫款的部分。与之相对的，FVOCI类金融资产仅占总资产的8.69%，FVTPL类金融资产的占比更小，仅为总资产的2.23%。

4.3　新准则下金融资产三分类的分布情况

表4－2详细展示了中国银行的金融资产分类在新旧准则上的衔接和过渡过程，然而表4－2无法全面展示商业银行实施新准则后的金融资产分类的总体情况。以下以26家已实施新准则的上市银行为研究对象，汇总其2018年年报中的各项金融资产，并进一步查阅各项金融资产科目对应的报表附注，得到表4－3。

表4－3　　金融资产在三种计量属性上的分布情况

金融资产科目	计量属性	金融资产科目	计量属性
现金及存放中央银行款项	AC	贵金属	AC
存放同业款项	AC		FVTPL
拆出资金	AC	衍生金融资产	FVTPL
	FVTPL	客户贷款及垫款	AC
	FVOCI		FVTPL
买入返售金融资产	AC		FVOCI
	FVTPL	金融投资	AC
	FVOCI		FVTPL
			FVOCI

资料来源：经笔者手工搜集各商业银行2018年年报后获取。

表 4－3 展示了这 26 家商业银行的 2018 年合并资产负债表中常见的金融资产科目及其可能的计量属性。结果表明，拆出资金、买入返售金融资产、客户贷款及垫款、金融投资、贵金属等金融资产科目可能被划入不同计量属性，而现金及存放中央银行款项、存放同业款项、衍生金融资产等科目则通常是单一计量属性的科目。

表 4－3 汇总了 26 家商业银行资产负债表上出现过的 8 项金融资产科目，对不同类型的商业银行而言，不同计量属性的金融资产在品种数量上也存在一定差异，具体见表 4－4。

表 4－4　各类商业银行中三类金融资产的品种数量

银行类型	样本数/家	金融资产中以 AC 计量的会计科目数量					金融资产中以 FVTPL 计量的会计科目数量					金融资产中以 FVOCI 计量的会计科目数量				
		最小值	均值	中位数	最大值	标准差	最小值	均值	中位数	最大值	标准差	最小值	均值	中位数	最大值	标准差
大型商业银行	6	4	5.7	5.5	7	1.21	3	3.7	3	5	1.03	0	1.8	2	4	1.33
全国性股份制银行	7	6	6.6	7	7	0.53	2	2.9	3	4	0.90	1	2.0	2	3	0.58
城/农商银行	13	4	5.8	6	7	0.99	0	2.1	2	4	1.26	0	1.8	2	3	0.90

资料来源：经笔者手工搜集各商业银行 2018 年年报后获取。

表 4－4 中的结果表明，AC 计量属性在金融资产中最为常见，其数量、品种相对较多，在三种类型的商业银行中，最大值均为 7。换言之，除了衍生金融工具之外，其他金融资产都可能采用 AC 计量。从品种、数量上看，FVTPL 排在 AC 之后，FVOCI 最少，在大型商业银行和城/农商

银行中，甚至有的银行的金融资产完全不采用 FVOCI 计量。

表 4 -5 描述了三类金融资产的相对比例。

表 4 -5　各类商业银行中三类金融资产的金额占比

银行类型	样本数/家	AC 类金融资产/总资产/(%)					AC 类金融资产/金融资产总额/(%)				
		最小值	均值	中位数	最大值	标准差	最小值	均值	中位数	最大值	标准差
大型商业银行	6	57.76	78.26	84.90	87.22	12.03	72.20	85.36	87.25	90.45	6.60
全国性股份制银行	7	42.19	76.31	81.22	86.58	15.22	80.06	84.52	84.66	88.84	2.75
城/农商银行	13	50.46	74.82	75.28	90.88	9.11	71.99	83.31	81.27	95.25	7.98
银行类型	样本数/家	FVTPL 类金融资产/总资产/(%)					FVTPL 类金融资产/金融资产总额/(%)				
		最小值	均值	中位数	最大值	标准差	最小值	均值	中位数	最大值	标准差
大型商业银行	6	2.54	7.29	3.70	26.66	9.51	2.59	7.92	3.76	27.80	9.84
全国性股份制银行	7	5.41	6.60	6.77	8.83	1.22	5.66	7.55	7.28	10.48	1.79
城/农商银行	13	0.00	8.07	8.33	15.61	5.62	0.00	8.50	8.39	16.10	5.62
银行类型	样本数/家	FVOCI 类金融资产/总资产/(%)					FVOCI 类金融资产/金融资产总额/(%)				
		最小值	均值	中位数	最大值	标准差	最小值	均值	中位数	最大值	标准差
大型商业银行	6	0.00	6.42	8.12	10.71	4.39	0.00	6.72	8.27	10.95	4.29
全国性股份制银行	7	4.11	7.04	6.09	10.05	2.41	4.21	7.93	9.35	10.37	2.39
城/农商银行	13	0.00	7.73	6.08	19.61	5.16	0.00	8.19	6.27	19.71	5.29

资料来源：Wind 数据库。

与表 4 -3 和表 4 -4 中的结果相比，由表 4 -5 中的结果可知：首先，无论在哪种性质的商业银行中，AC 类金融资产从金额数量上占有绝对优势，从均值上看，几乎超过 FVTPL 类和 FVOCI 类金融资产的十倍以上；其次，从均值上看，FVTPL 类和 FVOCI 类金融资产的占比相接近；再次，从 FVTPL 的标准差来看，大型商业银行中采用该类属性计量金融资产的占比情况在组内存在较大差异，从中位数指标来看，有一半以上的大型商业银行 FVTPL 类金融资产占总资产或金融资产总额的比例不到 4%，然而由于个别大型商业银行中的 FVTPL 类金融资产占比过高，导致其均值大幅提升。这种组内差异较大的现象，城/农商银行中在一定程度上也存在，有的银行完全不采用 FVTPL 计量金融资产；最后，在个别大型商业银行和城/农商银行中，并不采用 FVOCI 属性计量金融资产，然而在大型商业银行和全国性股份制商业银行中，有一半以上的银行其 FVOCI 类金融资产占金融资产总额的比例超过 8%，这一比例在城/农商银行中相对较低，仅为 6% 左右。

表 4 - 3 中的结果表明，客户贷款及垫款和金融投资都是多计量属性的会计科目，同时也是商业银行中两项非常重要的金融资产，因此对这两项金融资产的三分类情况有必要进行深入挖掘，具体情况见表 4 - 6。

表 4 - 6　　客户贷款及垫款的三分类情况

Panel A　AC 类计量属性在客户贷款及垫款中的占比/(%)						
银行类型	样本数/家	最小值	均值	中位数	最大值	标准差
大型商业银行	6	87.24	95.85	96.86	100.00	4.45
全国性股份制银行	7	85.93	96.47	97.25	100.00	5.01
城/农商银行	13	91.95	96.79	96.50	100.00	3.12
Panel B　FVTPL 类计量属性在客户贷款及垫款中的占比/(%)						
银行类型	样本数/家	最小值	均值	中位数	最大值	标准差
大型商业银行	6	0.00	0.06	0.02	0.24	0.09
全国性股份制银行	7	0.00	0.00	0.00	0.01	0.00
城/农商银行	13	0.00	0.00	0.00	0.00	0.00

续表

Panel C　FVOCI 类计量属性在客户贷款及垫款中的占比/(%)						
银行类型	样本数/家	最小值	均值	中位数	最大值	标准差
大型商业银行	6	0.00	4.09	3.01	12.69	4.45
全国性股份制银行	7	0.00	3.53	2.75	14.07	5.01
城/农商银行	13	0.00	3.21	3.50	8.05	3.12

资料来源：Wind 数据库。

表4-6中的结果表明，在各类商业银行中，近98%的客户贷款及垫款采用AC进行计量（详见Panel A的均值），在个别商业银行中，该比例甚至达到了100%（详见Panel A的最大值）。那些没有采用AC计量的客户贷款及垫款，也主要划归至FVOCI类别中，采用FVTPL计量的金额数量占比近乎为零。

与表4-6中的结果形成对比，表4-7中的结果表明，各类商业银行中的金融投资的计量属性相对较多，各类商业银行中的组内差异明显。具体而言，从Panel A和Panel B的均值上看，金融投资以AC计量和以FVTPL计量基本持平，而划归至FVOCI类别中的数量占比相对较低。

表4-7　　金融投资的三分类情况

Panel A　AC 类计量属性在金融投资中的占比/(%)						
银行类型	样本数/家	最小值	均值	中位数	最大值	标准差
大型商业银行	6	0.00	43.77	56.37	84.49	35.43
全国性股份制银行	7	48.63	60.72	59.51	74.02	8.93
城/农商银行	13	35.27	62.31	63.32	92.70	15.70
Panel B　FVTPL 类计量属性在金融投资中的占比/(%)						
银行类型	样本数/家	最小值	均值	中位数	最大值	标准差
大型商业银行	6	7.33	39.93	11.44	100.00	46.57
全国性股份制银行	7	17.12	19.65	19.36	23.93	2.25
城/农商银行	13	0.00	19.60	19.30	41.37	13.72

续表

Panel C　FVOCI 类计量属性在金融投资中的占比/(%)						
银行类型	样本数/家	最小值	均值	中位数	最大值	标准差
大型商业银行	6	0.00	16.30	15.34	37.19	16.44
全国性股份制银行	7	8.49	19.63	19.91	32.06	8.15
城/农商银行	13	2.47	18.10	17.39	36.45	9.75

资料来源：Wind 数据库。

4.4　新准则下金融负债两分类的分布情况

与表 4－3 和表 4－4 中的结果相对照，金融负债的计量属性分布及品种数量的统计情况见表 4－8 和表 4－9。

表 4－8　　各项金融负债在两种计量属性上的分布情况

金融负债科目	计量属性
向中央银行借款	AC
同业及其他金融机构存放款项	AC
拆入资金	AC
交易性金融负债/指定为 FVTPL	FVTPL
衍生金融负债	FVTPL
卖出回购款项	AC

资料来源：经笔者手工搜集各商业银行 2018 年年报后获取。

表 4－8 展示了这 26 家商业银行在其 2018 年合并资产负债表中常见的金融负债科目及其相应的计量属性，结果表明，金融负债类科目通常采用单一属性计量。

表4－8汇总了26家商业银行资产负债表中出现过的6项金融负债科目。对不同类型的商业银行而言，不同计量属性的金融负债在品种数量也存在一定差异，具体见表4－9。

表4－9　两类金融负债的品种数量

银行类型	样本数/家	金融负债中以AC计量的会计科目数量					金融负债中以FVTPL计量的会计科目数量				
		最小值	均值	中位数	最大值	标准差	最小值	均值	中位数	最大值	标准差
大型商业银行	6	3	3.8	4	4	0.75	2	2.3	2	3	0.52
全国性股份制银行	7	3	3.4	3	4	0.53	1	2.0	2	3	0.58
城/农商银行	13	3	3.2	3	4	0.83	0	1.3	1	3	1.11

资料来源：经笔者手工搜集各商业银行2018年年报后获取。

表4－9中的结果表明，AC计量属性在金融负债中较为常见，在三种类型的商业银行中，最大值均为4，占6项金融资产科目的2/3。从品种数量上看，FVTPL的出现频率相对较小，在个别城/农商银行中，甚至完全不采用FVTPL计量其金融负债。

表4－10中的结果表明，商业银行实施新准则之后，以FVTPL计量的金融负债总体占比不高，这一点在大型商业银行中体现得较为明显；相对而言，城/农商银行中以FVTPL计量的金融负债占比相对较高。反过来，这也进一步表明以AC计量的金融负债仍然是金融负债中最主要的组成部分。

表 4-10　　两类金融负债的金额占比

银行类型	样本数/家	AC 类金融负债/总负债/(%)					AC 类金融负债/金融负债总额/(%)				
		最小值	均值	中位数	最大值	标准差	最小值	均值	中位数	最大值	标准差
大型商业银行	6	7.16	25.20	10.58	96.58	35.23	72.86	87.29	88.84	96.98	10.11
全国性股份制银行	7	18.13	35.41	22.99	70.27	21.89	56.55	87.75	93.37	98.43	14.70
城/农商银行	13	0.66	21.37	12.47	75.59	23.52	9.86	86.94	99.97	100.00	26.58
银行类型	样本数/家	FVTPL 类金融负债/总负债/(%)					FVTPL 类金融负债/金融负债总额/(%)				
		最小值	均值	中位数	最大值	标准差	最小值	均值	中位数	最大值	标准差
大型商业银行	6	0.58	1.87	1.90	3.42	1.12	3.02	12.71	11.16	27.14	10.11
全国性股份制银行	7	0.35	3.52	1.50	9.41	3.73	1.57	12.25	6.63	43.45	14.70
城/农商银行	13	0.00	11.86	0.00	98.90	32.71	0.00	13.06	0.03	90.14	26.58

资料来源：Wind 数据库。

4.5　新准则下的金融资产减值情况

4.5.1　金融资产减值的计提范围

按新准则的相关要求，金融资产中需要计提减值的部分应当包括 AC 类金融资产、FVOCI 类金融资产及表外信用承诺三部分，比旧准则的覆盖范围有所扩大。此外，减值计提方法转到 ECL 模型，预计将导致金融资产减值的大幅提升。德勤会计师事务所（2014）在其第 4 次全球 IFRS 银行业调查中发现，有一半以上的被调研银行认为 ECL 模型将导致银行所有贷款资产类别的准备金提高，最大增速可达 50%。欧洲银行管理局（European Banking Authority，EBA）于 2016 年对来自 20 个欧盟国家的 58 家银行进行了调研，评估 IFRS 9 对银行业的影响。评估结果表明 IFRS 9 的执行将使银行的金融资产减值平均增加 18%。在新准则修订阶段，我国财政部也对照新准则的要求，在多家大型银行中进行模拟测算。测算结果表明金融资产减值将有所提高，但不如某些国际大银行的提高幅度惊人（中国人民银行乌鲁木齐中心支行会计财务处课题组，2017）。

以中国银行 2018 年年报为例，大致估算新准则对金融资产减值计提范围及金融资产减值金额的影响，具体见表 4－11。

表 4－11　　新准则对金融资产减值计提范围的影响

（从 2017 年 12 月 31 日调整至 2018 年 1 月 1 日）

计量类别[①]	2017 年底计提的减值准备/预计负债	重分类	重新计量	新准则下 2018 年初的金额	重新计量/2018 年期初余额/（%）
贷款和应收款项→AC					
存放同业款项	—	—	272	272	
拆出资金	174	—	96	270	
发放贷款及垫款	252 254	—	28 309	280 563	
金融投资	5 383	（6）	（268）	5 109	
HTM→AC					
金融投资	39	1 017	394	1 450	
AC 类汇总			28 803	287 664	10.01
贷款和应收款项→FVOCI					FVOCI
发放贷款和垫款	—	—	1 033	1 033	

续表

（从 2017 年 12 月 31 日调整至 2018 年 1 月 1 日）					
计量类别[①]	2017 年底计提的减值准备/预计负债	重分类	重新计量	新准则下 2018 年初的金额	重新计量/2018 年期初余额/（%）
AFS→FVOCI					
金融投资	5 492	（5 492）	906	906	
FVOCI 类汇总			1 939	1 939	100.00
AFS→FVTPL					
金融投资	1 176	（1 176）	—	—	
信用承诺	1 946	—	29 236	31 182	
表外项目汇总			29 236	31 182	93.76
其他	727	—	（134）	593	
合计	267 191	（5 657）	59 844	321 378	18.62

资料来源：根据中国银行 2018 年年报中报表附注 1.1.2 等相关项目汇总计算而成。

注：①表示第一列中，“→”符号之前为旧准则下的资产类别，“→”符号之后为新准则下的资产类别。

表 4 - 11 中的结果表明，由于实施新准则，中国银行的金融资产减值整体增加了 59 844 百万人民币，相对旧准则提高了 22.40%[①]。新增的金融资产减值从结构来看，有 48.13%[②]来自 AC 类金融资产，有 48.85%[③]来自表外项目的信用承诺，剩余的 3.02% 来自 FVOCI 类金融资产。具体来看，在 AC 类金融资产提升金融资产减值的贡献中，又有 98.3%[④]是来

① =59 844（合计行重新计量列）/267 191（合计行 2017 年底计提的减值准备/预计负债列）。
② =28 803（AC 类汇总行重新计量列）/59 844（合计行重新计量列）。
③ =29 236（表外项目汇总行重新计量列）/59 844（合计行重新计量列）。
④ =28 309（发放贷款及贷款行重新计量列）/28 803（AC 类汇总行重新计量列）。

自发放贷款及垫款的减值计提。此外，由于表外项目对提高金融资产减值的贡献度较高，对应的预计负债的波动程度也将上升。

4.5.2 计提减值的金融资产构成情况

以下将进一步展示26家已实施新准则的上市银行中金融资产减值计提范围的构成情况，其中AC类金融资产的统计范围与表4-3中所涵盖的AC类金融资产一致。“现金及存放中央银行款项”虽属于AC类金融资产，但银行并不对其计提减值，故在统计金融资产减值计提范围的构成时，予以扣除；FVOCI类金融资产的统计范围与表4-3所涵盖的FVOCI类金融资产一致；贷款承诺与财务担保合同的数据则通过手工整理26家上市商业银行2018年年报附注信息获取。根据新准则的规定，只有不可撤销的贷款承诺与财务担保合同才是金融资产减值计提的基础。然而笔者在手工整理年报数据的过程中发现，并不是所有的银行都对贷款承诺与财务担保合同提供可撤销和不可撤销两部分的明细说明。因此，在统计过程中，如果该银行在附注中提供了不可撤销部分的具体金额，则仅统计这部分金额；如未提供不可撤销部分的具体金额，则以其披露的总额统计。具体统计结果见表4-12。

表4-12　　金融资产减值计提范围的构成

银行类型	样本数/家	最小值	均值	中位数	最大值
		Panel A　AC占需计提减值的金融资产总额的比例/(%)			
大型商业银行	6	70.70	78.54	79.15	84.24
全国性股份制银行	7	70.26	78.72	77.42	87.36
城/农商银行	13	63.61	81.10	81.58	95.47
		Panel B　FVOCI占需计提减值的金融资产总额的比例/(%)			
大型商业银行	6	0.00	6.79	8.66	10.46

续表

银行类型	样本数/家	最小值	均值	中位数	最大值
		Panel B　FVOIC 占需计提减值的金融资产总额的比例/（%）			
全国性股份制银行	7	4.24	8.18	8.30	12.02
城/农商银行	13	0.00	8.85	7.26	22.00
		Panel C　贷款承诺与财务担保合同占需计提减值的金融资产总额的比例/（%）			
大型商业银行	6	7.38	14.67	14.62	22.51
全国性股份制银行	7	0.78	13.10	16.47	22.73
城/农商银行	13	0.04	10.05	8.56	22.18

资料来源：AC 类与 FVOCI 类金融资产数据来自 Wind 数据库，贷款承诺与财务担保合同经笔者手工搜集各商业银行 2018 年年报后获取。

表 4－12 的结果表明，AC 类金融资产是计提减值的主要来源，表外信用风险敞口对金融资产减值的贡献次之，来自于 FVOCI 类金融资产的贡献最少。

4.5.3　各阶段金融资产计提减值的情况

金融资产按其信用风险程度可划分为三个阶段，各阶段计提减值准备的方法不尽相同，表 4－13 汇总了处于信用风险各阶段的金融资产减值计提情况。

表 4－13　　各阶段金融资产计提减值的占比情况

银行类型	样本数/家	最小值	均值	中位数	最大值
		Panel A　第一阶段减值占金融资产减值总额的比例/（%）			
大型商业银行	6	12.27	44.81	48.26	66.85

续表

银行类型	样本数/家	最小值	均值	中位数	最大值
		Panel A 第一阶段减值占金融资产减值总额的比例/(%)			
全国性股份制银行	7	14.47	43.54	33.50	94.14
城/农商银行	13	10.42	34.33	32.52	94.47
		Panel B 第二阶段减值占金融资产减值总额的比例/(%)			
大型商业银行	6	6.99	18.79	22.47	24.35
全国性股份制银行	7	2.92	25.81	21.74	74.84
城/农商银行	13	3.53	26.41	29.50	46.39
		Panel C 第三阶段减值占金融资产减值总额的比例/(%)			
大型商业银行	6	25.00	36.40	31.22	63.38
全国性股份制银行	7	2.94	30.66	31.69	55.23
城/农商银行	13	1.73	39.26	41.03	83.58

资料来源：各阶段金融资产计提的减值金额及金融资产计提的减值总额经笔者手工搜集各商业银行2018年年报后获取，后者与Wind数据库进行核验比对。

表4－13的结果表明，第一阶段和第三阶段金融资产对减值准备总额的贡献程度相对较高，分别占40%和35%左右，但两者背后的动因可能并不相同，前者主要是由于此类金融资产的基数较大（详见表3－7中的模拟数据和表4－6中的统计数据），而后者尽管基数并不高（详见表3－7中的模拟数据和表4－6中的统计数据），但其计提减值的比例较高。

4.6 新套期会计准则的实施情况

本节的数据和信息主要以笔者手工整理年报获取。考虑到H股上市银行的年报信息的阅读和整理存在一定的困难，因此本节仅以 26 家已实施新准则的上市银行中披露简体字版年报的 13 家银行为研究对象（具体包括 2 家 A 股上市商业银行[①]和 11 家 A + H 股上市商业银行[②]），笔者手工整理了这 13 家银行 2018 年年报中与衍生金融工具使用及新套期会计准则实施的相关信息。

数据表明，在 13 家上市商业银行中有 8 家在其 2018 年度的财务报表及报表附注中披露其实施了新套期会计准则，占到所有 A 股和 A + H 股商业银行的 62.5%。由此可见，衍生金融工具在上市商业银行中的使用较为普遍。表 4 - 14 汇总了 8 家银行 2018 年度使用的套期会计类型及套期会计中的套期工具、被套期项目及被套期风险。

表 4 - 14　各银行的套期业务及新套期会计准则的实施情况汇总

银行名称	套期类型	套期工具	被套期项目	被套期风险
交通银行	公允价值套期、现金流量套期	利率掉期、货币掉期、交叉货币利率互换	资产、贷款	利率风险、外汇风险
建设银行	公允价值套期、现金流量套期	利率掉期、货币掉期、外汇掉期	资产、贷款	利率风险、汇率风险
民生银行	现金流量套期	货币掉期	贷款	信用风险
中信银行	公允价值套期	利率掉期	债券	利率风险
招商银行	现金流量套期	利率掉期	贷款、资产	利率风险
浦发银行	公允价值套期	利率掉期、交叉货币利率互换	债券	利率风险
工商银行	公允价值套期、现金流量套期、境外净投资套期	利率掉期、货币掉期、权益类衍生金融工具	贷款、债券、境外净投资	利率风险、外汇风险

① 包括平安银行和浦发银行。

② 包括中国农业银行（简称农业银行）、交通银行、中国工商银行（简称工商银行）、中国建设银行（简称建设银行）、中国银行、光大银行、民生银行、招商银行、中信银行、郑州银行、青岛银行等。

续表

银行名称	套期类型	套期工具	被套期项目	被套期风险
中国银行	公允价值套期、境外净投资套期	利率掉期、交叉货币利率互换、吸收存款及外汇远期合约中的即期要素	债券、金融投资、衍生金融负债	利率风险、汇率风险

资料来源：经笔者手工搜集各商业银行2018年年报后获取。

表4－14中的结果表明各家商业银行通常采用利率掉期和货币掉期来管理其利率风险和汇率风险，公允价值套期和现金流量套期是其常用的套期会计类型。从银行的报表附注中可以看出，各家商业银行基本已按CAS 37对套期会计的信息披露要求，以独立列报的形式披露了套期工具及被套期项目。

表4－15和表4－16汇总了这8家商业银行各类套期会计中套期工具（资产及负债）的数量信息。

表4－15　　衍生金融工具资产用于套期的比例　　单位：百万元

银行名称	现金流量套期中的套期工具	公允价值套期中的套期工具	境外经营净投资套期中的套期工具	衍生金融资产总额	套期工具占衍生金融工具的比例/（%）	套期工具占总资产的比例/（%）
工商银行	799.00	709.00	—	71 335.00	2.11	0.54
建设银行	599.00	576.00	—	50 601.00	2.32	0.49
交通银行	479.00	1 122.00	—	30 730.00	5.21	1.03
中国银行	—	1 788.00	—	124 126.00	1.44	0.58
民生银行	60.00	—	—	33 007.00	0.18	0.53
中信银行	—	96.00	—	31 991.00	0.30	0.14
浦发银行	153.00	—	—	43 274.00	0.35	0.36
招商银行	118.00	—	—	34 220.00	0.34	0.22

资料来源：经笔者手工搜集各商业银行2018年年报后获取。

表 4-16　　衍生金融工具负债用于套期的比例　　单位：百万元

银行名称	现金流量套期中的套期工具	公允价值套期中的套期工具	境外经营净投资套期中的套期工具	衍生金融负债总额	套期工具占衍生金融工具的比例/（%）
工商银行	799.00	709.00	—	71 335.00	2.11
建设银行	415.00	88.00	—	48 525.00	1.04
交通银行	201.00	353.00	—	28 105.00	1.97
中国银行	—	1 284.00	68.00	99 254.00	1.36
民生银行	7.00	—	—	17 995.00	0.04
中信银行	—	8.00	—	31 646.00	0.03
浦发银行	—	168.00	—	42 793.00	0.39
招商银行	2.00	—	—	36 570.00	0.01

资料来源：经笔者手工搜集各商业银行 2018 年年报后获取。

表 4-15 和表 4-16 中的数据表明，商业银行采用套期会计方法核算的衍生金融工具占衍生金融工具业务的比例非常低，在大多数银行中，作为套期工具的衍生金融工具的名义金额不超过其所持有的衍生金融工具资产或负债名义金额的 2%，其占总资产的比例更低，多为 0.5% 以下。这一研究发现与中国银行财务管理部课题组和刘承钢（2017）的研究发现相一致，并与国外商业银行的相关情形形成鲜明对比。在巴克莱银行、汇丰银行、花旗银行等 6 家纽约证券交易所上市的国外商业银行中，作为套期工具核算的衍生金融工具名义本金为总资产的 10% ~20%（中国银行财务管理部课题组和刘承钢，2017）。

衍生金融工具公允价值（FV）是财务报表项目，在报表中列示，而其名义金额（NV）则并非报表项目，只通过报表附注形式披露。表 4-17 的结果表明衍生金融工具的公允价值（FV）与其对应的合同名义金额（NV）之间有较大差距，且两者之间的相关性也并非显而易见。这在一定程度上也降低了衍生金融工具的财务数据对披露其底层风险的有效性。

表 4－17　　8 家银行中衍生金融工具的名义金额/公允价值　　单位：百万元

银行名称	现金流量套期中的套期工具（NV）	现金流量套期中的套期工具（FV）	公允价值套期中的套期工具（NV）	公允价值套期中的套期工具（FV）
工商银行	100 507	799	49 823	709
建设银行	66 309	599	46 796	576
交通银行	26 935	479	71 134	1 122
中国银行	—	—	121 898	1 788
民生银行	32 015	60		—
中信银行	—	—	8 385	96
浦发银行		153	22 911	—
招商银行	14 914	118		—
银行名称	境外经营净投资套期中的套期工具（NV）	境外经营净投资套期中的套期工具（FV）	衍生金融资产（NV）	衍生金融资产（FV）
工商银行		—	8 857 313	71 335
建设银行		—	5 339 087	50 601
交通银行		—	3 372 944	30 730
中国银行	2 157	—	8 803 987	124 126
民生银行		—	3 392 233	33 007
中信银行		—	4 500 770	31 991
浦发银行		—	7 823 478	43 274
招商银行		—	6 101 894	34 220

资料来源：经笔者手工搜集各商业银行 2018 年年报后获取，其中 NV 为名义金额（Nominal Value，NV），FV 为公允价值（Fair Value，FV）。

4.7 新准则下的列报与披露

4.7.1 信用风险三阶段的披露

新准则对金融资产减值提出了新方法，从原先的“已发生减值法”转到 ECL 模型法，根据金融资产的信用风险是否显著提高，分三个阶段计提减值。较常见的信息披露方式是分别列出 AC 类和 FVOCI 类金融资产的具体科目，对应地列出这些具体科目分布在第一、第二和第三阶段上的账面余额，并列出其对应计提的金融资产减值金额。以民生银行为例，截至 2018 年 12 月 31 日，金融工具的信用风险阶段划分见表 4 – 18。

由于贷款和垫款是商业银行中最重要的金融资产，也是金融资产减值计提范围中最重要的组成部分，因此各商业银行对贷款及垫款的金融资产减值的信息披露更为详细，通常会披露贷款在不同阶段的转移及核销情况及其对本期金融资产减值总额的动态影响。以工商银行为例，其贷款减值准备变动情况见表 4 – 19。

还有的银行会将上述多个分类维度融合在一起，分别列出不同阶段的金融资产减值金额。以交通银行为例，具体见表 4 – 20。

除此之外，也有银行刻画出金融监管标准与会计准则数据之间的对应关系，如披露了贷款五级分类与信用风险三阶段划分之间的对应关系，以中国银行为例，详见表 4 – 21。

表 4-18　民生银行对信用风险三阶段的披露形式

单位：百万元

项目	账面余额				预期信用减值准备			
	第一阶段	第二阶段	第三阶段	合计	第一阶段	第二阶段	第三阶段	合计
以摊余成本计量的金融资产：								
现金及存放中央银行款项	389 281	—	—	389 281	—	—	—	—
存放同业及其他金融机构款项	52 161	—	97	52 258	(7)	—	(97)	(104)
拆除资金	246 728	—	—	246 728	(203)	—	—	(203)
买入返售金融资产	39 195	—	—	39 195	(5)	—	—	(5)
发放贷款和垫款								
——公司贷款和垫款	1 612 811	107 458	27 412	1 747 681	(11 144)	(16 311)	(10 934)	(38 389)
——个人贷款和垫款	1 189 668	16 644	27 184	1 233 496	(7 770)	(4 918)	(20 139)	(32 827)
金融投资	1 121 094	2 141	7 055	1 130 290	(1 352)	(204)	(1 503)	(3 059)
长期应收款	103 457	9 959	1 053	114 469	(913)	(2 184)	(548)	(3 645)
金融资产，其他	不适用	不适用	不适用	40 000	不适用	不适用	不适用	(1 432)
合计	4 754 395	136 202	62 801	4 993 398	(21 394)	(23 617)	(33 221)	(79 664)
以公允价值计量且其变动计入其他综合收益的金融资产：								
发放贷款和垫款								
——公司贷款和垫款	97 453		858	98 311	(449)		(543)	(992)
金融投资	460 843		225	461 068	(1 310)		(197)	(1 507)
合计	558 296		1 083	559 379	(1 759)		(740)	(2 499)
表外信用承诺	1 005 533	1 082	99	1 006 714	(1 335)	(33)	(3)	(1 371)

资料来源：民生银行 2018 年年报。

表 4 – 19　　工商银行对信用风险三阶段的披露形式

单位：百万元

项目	以摊余成本计量的客户贷款及垫款的减值准备				以公允价值计量且其变动计入其他综合收益的客户贷款及垫款的减值准备			
	第一阶段	第二阶段	第三阶段	合计	第一阶段	第二阶段	第三阶段	合计
年初余额	107 961	111 867	152 770	372 598	23	—	448	471
转移：								
至第一阶段	19 393	（17 976）	（1 417）	—	—	—	—	—
至第二阶段	（4 901）	5 493	（592）	—	—	—	—	—
至第三阶段	（2 869）	（40 413）	43 282	—	—	—	—	—
本年计提/（回拨）	38 217	24 083	85 074	147 374	173	0	（200）	（27）
本年核销及转出	（338）	（2 294）	（106 146）	（108 778）	—	—	—	—
收回已核销贷款			2 141	2 141	—	—	—	—
其他变动	621	646	（1 871）	（604）	2	—	—	2
年末余额	158 084	81 406	173 241	412 731	198	0	248	446

资料来源：工商银行 2018 年年报。

表 4－20　交通银行对信用风险三阶段的披露形式

单位：百万元

项目	低风险	中等风险	高风险	已减值	境内行合计	海外行及子公司	集团合计	减值准备	集团账面价值
表内项目									
存放央行款项（第一阶段）	788 578				788 578	36 928	825 506		825 506
发放贷款和垫款——对公贷款									
以摊余成本计量	1 564 859	795 780	99 424	54 097	2 514 160	519 763	3 033 923	(102 403)	2 931 520
第一阶段	1 564 318	769 859	2 895		2 337 072	511 884	2 848 956	(23 323)	2 825 633
第二阶段	541	25 921	96 529		122 991	4 829	127 820	(42 503)	85 317
第三阶段				54 097	54 097	3 050	57 147	(36 577)	20 570
以公允价值计量且其变动计入其他综合收益	77 049	95 053	13 310	258	185 670	193	185 863	(1 679)	184 184
第一阶段	77 049	93 312	8 320		178 681	193	178 874	(1 163)	177 711
第二阶段		1 741	4 990		6 731		6 731	(283)	6 448
第三阶段				258	258		258	(233)	25
发放贷款和垫款——对私贷款									
以摊余成本计量	1 122 016	442 840	22 873	15 126	1 602 855	33 772	1 635 627	(21 458)	1 614 169
第一阶段	1 121 826	442 131	15 987		1 579 944	33 471	1 612 415	(7 710)	1 604 705
第二阶段	190	709	6 886		7 785	87	7 872	(2 302)	5 570
第三阶段				15 126	15 126	214	15 340	(11 446)	3 894

资料来源：交通银行 2018 年年报。

表 4-21　　中国银行对信用风险三阶段的披露形式　　单位：百万元

项目	12 个月预期信用损失	整个存续期预期信用损失		合计
	第一阶段	第二阶段	第三阶段	
正常	11 183 826	91 017	6	11 274 849
关注		342 358	5	342 363
次级			49 788	49 788
可疑			49 341	49 341
损失			67 812	67 812
合计	11 183 826	433 375	166 952	11 784 153

资料来源：中国银行 2018 年年报。

从表 4-21 可以看出，中国银行在信用风险三阶段与贷款五级划分之间的对应关系大致如下：绝大部分正常类贷款被划入第一阶段，绝大部分关注类贷款被划入第二阶段，所有的不良贷款都被划入第三阶段。这一做法与李峰和吴海霞（2015）所推断的金融监管的贷款五级分类与 ECL 模型法对信用风险的三阶段划分方法的对应关系大致相同。

此外，也有的银行将其自定义的信用等级与三阶段划分的对应关系进行披露。以平安银行为例，发放贷款和垫款情况见表 4-22。

表 4-22　　平安银行对信用风险三阶段的披露形式　　单位：百万元

项目	第一阶段	第二阶段	第三阶段		合计
信用等级	12 个月预期信用损失	整个存续期预期信用损失	整个存续期预期信用损失	购入已发生信用减值的金融资产	
低风险	1 036 906	148			1 037 054
中风险	849 814	12 203			862 017
高风险	13 203	32 834			46 037
违约			58 682		58 682

续表

项目	第一阶段	第二阶段	第三阶段		合计
信用等级	12个月预期信用损失	整个存续期预期信用损失	整个存续期预期信用损失	购入已发生信用减值的金融资产	
账面余额	1 899 923	45 185	58 682		2 003 790
减值准备	(17 114)	(7 931)	(28 988)		(54 033)
账面价值	1 882 809	37 254	29 694		1 949 757

资料来源：平安银行2018年年报。

综上所述，26家已施行新准则的上市银行金融资产减值准备的信息披露各有特色，表4－23汇总了这26家商业银行对贷款信用风险划分与信用风险三阶段划分对应关系的披露方式。

表4－23　26家商业银行贷款五级分类与信用风险三阶段的对应情况

银行类型	上市地	银行名称	会计信息与监管标准对应情况的信息披露
大型商业银行	A+H	工商银行、建设银行	未披露贷款五级分类与ECL三阶段的对应关系
		中国银行	披露贷款五级分类与ECL三阶段的对应关系
		交通银行、农业银行	将贷款与垫款分为对公、对私，低风险、中等风险和高风险与第一阶段、第二阶段、第三阶段对应
	H	邮储银行	未披露贷款五级分类与ECL三阶段的对应关系
全国性股份制银行	A	平安银行	低风险、中等风险、高风险、违约四档与第一阶段、第二阶段、第三阶段对应
		浦发银行	低风险、中等风险、高风险三档与第一阶段、第二阶段、第三阶段对应
	A+H	中信银行	风险等级一、风险等级二、风险等级三、违约级与第一阶段、第二阶段、第三阶段对应

续表

银行类型	上市地	银行名称	会计信息与监管标准对应情况的信息披露
全国性股份制银行	A + H	民生银行、招商银行、光大银行	未披露贷款五级分类与 ECL 三阶段的对应关系
	H	浙商银行	分对公、对私，分别与第一阶段、第二阶段、第三阶段对应
城/农商银行	A + H	郑州银行、青岛银行	未披露贷款五级分类与 ECL 三阶段的对应关系
	H	中原银行、广州农商银行、江西银行、盛京银行、重庆农商银行	未披露贷款五级分类与 ECL 三阶段的对应关系
		甘肃银行、徽商银行、九台农商银行、哈尔滨银行	披露贷款五级分类与 ECL 三阶段的对应关系
		天津银行	内部评级 1 ~ 5，内部评级 6 ~ 9，内部评级 10 ~ 12 与第一阶段、第二阶段、第三阶段对应
		重庆银行	将贷款与垫款分为低风险、中等风险和高风险，与第一阶段、第二阶段、第三阶段对应

资料来源：经笔者手工搜集各商业银行 2018 年年报后获取。

4.7.2 各银行 ECL 模型中的前瞻性信息

金融资产减值的 ECL 模型是 CAS 22 金融工具准则修订中的核心之一。在 ECL 模型中，纳入前瞻性信息预判未来信用风险，根据信用风险是否显著增加划分金融资产所处的信用风险阶段，采用全新的方法计量预期信用损失等都是商业银行在首次实施新准则时碰到的技术难点。

表 4 – 24 列出了 26 家商业银行 2018 年年报中所披露的计算预期信用损失时所考虑的前瞻性信息。

表 4-24　　26 家商业银行 ECL 模型中的前瞻性信息

银行类型	上市地	银行名称	ECL 模型中的前瞻性信息
大型商业银行	A+H	工商银行	本集团通过对历史数据的分析，识别出与 ECL 相关的关键经济指标，如国内生产总值（GDP）、CPI、PMI、货币供应量（M2）、工业增加值、全国房地产开发景气指数等。本集团通过进行回归分析确定这些经济指标与违约概率和违约损失率之间的关系，以确定这些指标历史上的变化对违约概率和违约损失率的影响。本集团至少每季度对这些经济指标进行预测，并提供未来一年经济情况的最优估计
		建设银行	本集团通过对历史数据的分析，识别出与 ECL 相关的关键经济指标并进行了前瞻性调整，如国内生产总值（GDP）、居民消费价格指数（CPI）、M2、生产价格指数（PPI）、人民币存款准备金率、伦敦现货黄金价格、美元兑人民币平均汇率等。以 GDP 指标为例，中性情形下预测值符合当前中央政府发布的发展主要预期目标，乐观和悲观情形下预测值在中性情形下预测值基础上上下浮动一定比例。本集团对宏观经济指标池的各项指标定期进行预测
		交通银行	前瞻性信息包括房地产业增加值、PPI、M2、主要资产价格指数等，预测结果经本行经济学专家评估确认。根据权威机构（如国际货币基金组织、世界银行）的宏观预测数据，定期对海外行减值计算进行前瞻性调整。 对于前瞻性计量，我们复核了管理层经济指标选取、经济场景及权重的模型分析结果，评估了经济指标预测值的合理性，并对经济指标、经济场景及权重进行了敏感性测试
		农业银行	本集团通过对历史数据的分析，识别出影响各业务类型信用风险及预期信用损失的关键经济指标，如 GDP、M2、CPI 等。这些经济指标对违约概率和违约损失率的影响，对不同的业务类型有所不同。本集团综合考虑内外部数据、专家预测结果以及统计分析结果确定这些经济指标与违约概率和违约损失率之间的关系。本集团至少每年对这些经济指标进行评估预测，同时提供未来的最佳估计，并定期检测评估结果。其中，目前基准情景下使用的核心经济预测指标 GDP 符合当前中央政府公布的发展主要预期目标

续表

银行类型	上市地	银行名称	ECL 模型中的前瞻性信息
大型商业银行	A + H	中国银行	本集团通过对历史数据的分析，识别出影响各业务类型信用风险及 ECL 的关键宏观经济指标，如 GDP、PPI、CPI、固定资产投资完成额、住宅价格指数、社会融资规模等。 这些经济指标对违约概率和违约损失率的影响，对不同的业务类型有所不同。本集团在此过程中应用了专家判断，根据专家判断的结果，每季度对这些经济指标进行预测，并通过进行回归分析确定这些经济指标对违约概率和违约损失率的影响。 除了提供基准情景外，本集团结合统计分析及专家判断结果来确定其他可能的情景及其权重。本集团以加权的 12 个月 ECL（第一阶段）或加权的整个存续期 ECL（第二阶段及第三阶段）计量相关的减值准备。上述加权信用损失是由各情景下 ECL 乘以相应情景的权重计算得出
	H	邮储银行	对于以摊余成本计量和以公允价值计量且其变动计入其他综合收益的债务工具，以及信贷承诺和财务担保合同，本集团结合前瞻性资讯进行 ECL 评估。ECL，是指以发生违约的风险为权重的金融工具信用损失的加权平均值。信用损失，是指本集团按照原实际利率折现的、根据合同应收的所有合同现金流量与预期收取的所有现金流量之间的差额，即全部现金短缺的现值。其中，对于本集团购买或源生的已发生信用减值的金融资产，应按照该金融资产经信用调整的实际利率折现
全国性股份制银行	A	平安银行	本公司通过对历史数据的分析，识别出影响各业务类型信用风险及 ECL 的关键经济指标，如 GDP 同比增长率、CPI 增长率、采购经理指数、广义货币同比增长率等。本公司至少每年对这些经济指标进行评估预测，并提供未来的最佳估计，并定期检测评估结果。 2018 年，本公司从万得信息技术股份有限公司公布的中国宏观经济数据库采集过去 10 年的上述关键经济指标的时间序列数据，分析经济指标之间的跨期内生关系，在蒙特卡洛方法模拟随机冲击基础上，建立预测函数。并结合专家经验判断结果，基于万得信息技术股份有限公司公布的 2018 年第三季度宏观指标上下浮动一定比例作为未来关键经济指标预测值，选取不同分位点作为乐观、基础和悲观三种情景的宏观经济取值，确定最终宏观经济假设及权重以计量相关的减值准备。这些经济指标对违约概率和违约损失率的影响，对不同的业务类型有所不同。本公司综合考虑内外部数据、专家预测及统计分析结果确定这些经济指标与违约概率和违约损失率之间的关系

续表

银行类型	上市地	银行名称	ECL 模型中的前瞻性信息
全国性股份制银行	A	浦发银行	本集团通过对历史数据的分析，识别出影响各资产组合的信用风险及 ECL 的关键经济指标。本集团依据行业最佳实践结合集团内部专家判断，选择了一系列宏观经济指标（包含 GDP 同比、工业增加值同比和 CPI 同比等），进而对各模型敞口建立实际违约概率与宏观因子间的统计学关系，并通过计算对应宏观因子预测值得到实际违约概率的前瞻性结果
	A + H	光大银行	光大银行通过对历史数据的分析，识别出影响各业务类型信用风险及 ECL 的关键经济指标，如 GDP、CPI、住宅价格指数等。这些经济指标对违约概率和违约损失率的影响，对不同的业务类型有所不同。 本集团在此过程中应用了统计模型和专家判断相结合的方式，在统计模型测算结果的基础上，根据专家判断的结果，每季度对这些经济指标进行预测，并通过进行回归分析确定这些经济指标对违约概率和违约损失率的影响
		民生银行	本集团通过对历史数据的分析，识别出与预期信用损失相关的关键经济指标，如 GDP、M2、CPI 等。本集团对宏观经济指标池的各项指标定期进行预测，并选取最相关因素进行估算。 本集团通过构建计量模型确定这些经济指标与违约概率和违约损失率之间的关系，以确定这些指标历史上的变化对违约概率和违约损失率的影响
		招商银行	在评估 ECL 时，使用了合理且有依据的前瞻性信息，这些信息基于对不同经济驱动因素的未来走势的假设，以及这些经济驱动因素如何相互影响的假设。本集团根据不同资产的风险特征，将资产划分为不同的资产组，根据资产组的风险特征找出与信用风险相关的宏观指标，并建立回归模型。 在合理的成本和时间范围内运用前瞻性信息测量 ECL，同时预测宏观经济假设，所使用的外部信息包括宏观经济数据、政府或监管机构发布的预测信息，如 GDP、固定资产投资、社会消费总额等宏观指标。本集团赋予不同的情景以不同的可能性。在报告期内未对预测的技术、重要的假设做出改变
		中信银行	本集团自行构建宏观预测模型，并通过对历史数据的分析，识别出影响各业务类型信用风险及 ECL 的关键经济指标，如 GDP、发电量、城镇登记失业率等

续表

银行类型	上市地	银行名称	ECL 模型中的前瞻性信息
全国性股份制银行	H	浙商银行	对于前瞻性计量，我们复核了管理层经济指标选取、经济场景及权重的模型分析结果，评估了经济指标预测值的合理性，并对经济指标、经济场景及权重进行了敏感性测试。通过复核信用减值损失模型方法论对模型选择、关键参数、重大判断和假设的合理性进行了评估。我们抽样检查了模型的运算，以测试计量模型是否恰当地反映了管理层编写的模型方法论
城/农商银行	A + H	青岛银行	本集团通过对历史数据的分析，识别出影响各资产组合的信用风险及预期信用损失的关键经济指标，包括 GDP、CPI、生产价格指数等。本集团通过进行回归分析确定这些经济指标历史上与违约概率之间的关系，并通过预测未来经济指标确定预期的违约概率。 其他未纳入上述情景的前瞻性因素，如监管变化、法律变化的影响，也已纳入考虑，但不视为具有重大影响，因此并未据此调整预期信用损失。本集团按季度复核并监控上述假设的恰当性
		郑州银行	本集团通过对历史数据的分析，识别出影响各资产组合的信用风险及 ECL 的关键经济指标，包括 GDP、工业增加值、CPI 等
	H	甘肃银行	有关前瞻性资料包括来自经济专家报告、金融分析师、政府机构、相关智囊团及其他类似组织，以及考虑与本集团运营实际相关的各种外部实际和预测经济资料来源而得知的本集团债务人经营所在行业的未来前景
		广州农商银行	2018 年，本集团从 Wind Economic 中掌握到过去 10 年的主要宏观经济因素，用以对宏观经济因素的跨期内在源生关系进行历史性分析
		哈尔滨银行	评估管理层确定 ECL 时采用的前瞻性信息，包括宏观经济变量的预测和多个宏观情景的假设。评估单项减值测试的模型和假设，分析管理层预计未来现金流量的金额、时间及发生概率，尤其是抵押物的可收回金额

续表

银行类型	上市地	银行名称	ECL 模型中的前瞻性信息
城/农商银行	H	徽商银行	本行在预期损失计量中使用了包含未来宏观经济情况和借款人的信用状况的复杂的模型和假设，前瞻性地对逐笔贷款开展 ECL 评估后，将其划入第一阶段、第二阶段、第三阶段，并根据违约程度确定减值损失的程度。 本行会定期审阅信用风险显著增加的判断标准、已发生信用减值资产的定义、ECL 计量参数、前瞻性信息等方法和假设，以减少估计贷款减值损失和实际减值损失之间的差异。运用专家判断结果对宏观经济进行预测，考虑不同经济情景权重下，对 ECL 的影响
		江西银行	利用金融风险管理专家的工作，评价管理层评估减值准备时所用的 ECL 模型和参数的可靠性，包括评价发生信用减值的阶段划分、违约概率、违约损失率、违约风险暴露、折现率、前瞻性调整及管理层调整等，并评价其中所涉及的关键管理层判断的合理性
		九台农商银行	前瞻性资料包括获取自经济专家报告、金融分析师、政府机构、相关智库及其他类似机构的本集团债务人经营所在行业的未来前景，以及与本集团业务相关的实际及预测经济资料的各种外交来源
		盛京银行	本集团通过对历史数据的分析，识别出影响各资产组合的信用风险及 ECL 的关键经济指标，包括 GDP、CPI、生产价格指数等。本集团通过进行回归分析确定这些经济指标历史上与违约概率之间的关系，并通过预测未来经济指标确定预期的违约概率。其他未纳入上述情境的前瞻性因素，如监管变化、法律变化的影响，也已考虑，但不认为其具有重大影响，因此并未据此调整 ECL。本集团按季度复核并监控上述假设的恰当性
		天津银行	在评估 ECL 时，本集团使用了合理且有依据的前瞻性信息，这些信息基于对不同经济驱动因素的未来走势的假设，以及这些经济驱动因素如何相互影响的假设。 本集团使用无须付出不必要的额外成本或投入就可获得的前瞻性信息来评估信用风险的显著增加及 ECL 的计量。本集团使用外部和内部信息来生成相关经济变量未来方向的不同情境，所使用的外部信息包括国内生产总值、失业率、通胀率及基准利率。ECL 的计量部分取决于根据统计数据分析得到的预测信息

续表

银行类型	上市地	银行名称	ECL 模型中的前瞻性信息
城/农商银行	H	中原银行	运用 ECL 模型确定发放贷款和垫款以及以摊余成本计量的金融投资的减值准备的过程中涉及若干关键参数和假设的应用，包括发生信用减值的阶段划分，违约概率、违约损失率、违约风险暴露、折现率等参数估计，同时考虑前瞻性调整及其他调整因素等。在这些参数的选取和假设的应用过程中涉及较多的管理层判断
		重庆农村商业银行	本集团计算 ECL 时考虑了宏观经济的前瞻性资讯。 本集团通过对历史资料的分析，识别出影响各业务类型信用风险及 ECL 的关键经济指标，如 GDP 同比增长率、CPI 增长率、广义货币同比增长率、城镇居民人均可支配收入同比增长率等。通过分析这些关键经济指标的变化来预测宏观经济环境对 ECL 的前瞻性影响。 本集团从 Wind 咨询技术股份有限公司公布的中国宏观经济资料库采集上述关键经济指标的时间序列资料，结合行内资料建立预测模型。在此基础上，结合专家经验判断，在模型预测值的基础上上下浮动一定比例作为未来关键经济指标预测值并确定乐观、基础和悲观三种情境的权重
		重庆银行	本集团通过对历史数据的分析，识别出影响各资产组合的信用风险及 ECL 的关键经济指标，主要包括 GDP、CPI、固定资产投资完成额、广义货币发行量

资料来源：各上市商业银行 2018 年年报。

4.7.3 各银行对 ECL 模型中信用风险显著增加的判断标准

表 4－25 汇总了 26 家商业银行 2018 年年报所披露的其对信用风险显著增加的判断标准。

表 4－25　26 家商业银行对 ECL 模型中信用风险显著增加的判断标准

银行类型	上市地	银行名称	对信用风险显著增加的描述
大型商业银行	A＋H	工商银行	本集团以单项金融工具或者具有相似信用风险特征的金融工具组合为基础，通过比较金融工具在资产负债表日发生违约的风险与在初始确认日发生违约的风险，以确定金融工具预计存续期内发生违约风险的变化情况。本集团通过金融工具的违约概率是否大幅上升、逾期是否超过 30 天、市场价格是否连续下跌等其他表明信用风险显著增加情况来判断金融工具的信用风险自初始确认后是否已显著增加
		建设银行	本集团于每季度评估相关金融工具的信用风险自初始确认后是否已显著增加。本集团以单项金融工具或者具有相似信用风险特征的金融工具组合为基础，通过比较金融工具在资产负债表日发生违约的风险与在初始确认日发生违约的风险，以确定金融工具预计存续期内发生违约风险的变化情况。主要因素有①减值损失的违约概率大幅上升，如原则上公司类贷款内部信用评级下降至 15 级及以下，债券投资内部信用评级下降 2 级及以上；②其他信用风险显著增加的情况。通常情况下，如果信贷业务逾期 30 天以上，则应视为信用风险显著增加
		交通银行	当出现以下一种或多种情况时，本集团认为金融工具的信用风险已发生显著增加：①本金或利息逾期超过 30 天；②信用评级等级大幅变动；③债务主体关键指标恶化；④重大不利事件对债务主体偿还能力产生负面影响；⑤出现其他风险预警信号，显示潜在风险有增加的风险，可能给本集团造成损失的金融资产
		农业银行	本集团在每个资产负债表日评估相关金融工具的信用风险自初始确认后是否已显著增加。本集团以单项金融工具或者具有相似信用风险特征的金融工具组合为基础，通过比较金融工具在资产负债表日发生违约的风险与在初始确认日发生违约的风险，以确定金融工具预计存续期内发生违约风险的变化情况。违约是指未按合同约定偿付债务，或其他违反债务合同且对正常偿还债务产生重大影响的行为。 本集团通过设置定量、定性标准来判断金融工具的信用风险自初始确认后是否发生显著增加。判断标准主要为债务人违约概率的变化、信用风险分类的变化及其他表明信用风险显著增加的情况，具体包括：信用类资产自初始确认后，风险分类由正常类变化为关注类；违约概率上升超过一定幅度，并根据初始确认时违约概率的不同制定差异化标准，如初始确认时违约概

续表

银行类型	上市地	银行名称	对信用风险显著增加的描述
大型商业银行	A+H	农业银行	率较低（如低于 3%），当违约概率级别下降至少 6 个级别时，视为信用风险显著上升。当判断信用风险显著增加时所使用的信用等级向上或向下调整一个级别，对 2018 年 12 月 31 日 ECL 准备的影响不超过 5%。在判断金融工具的信用风险自初始确认后是否显著增加时，本集团根据会计准则要求将逾期超过 30 天作为信用风险显著增加的上限指标。 如果在报告日金融工具被确定为具有较低信用风险，本集团假设该金融工具的信用风险自初始确认后并未显著增加。本集团将内部评级与全球公认的低信用风险定义（如外部“投资等级”评级）相一致的金融工具确定为具有较低信用风险
		中国银行	本集团在每个资产负债表日评估相关金融工具的信用风险自初始确认后是否已显著增加。本集团以单项金融工具或者具有相似信用风险特征的金融工具组合为基础，通过比较金融工具在资产负债表日发生违约的风险与在初始确认日发生违约的风险，以确定金融工具预计存续期内发生违约风险的变化情况。 当触发以下一个或多个定量、定性标准或上限指标时，本集团认为金融工具的信用风险已发生显著增加： ①定量标准。 在报告日，剩余存续期违约概率较初始确认时上升超过一定比例。 ②定性标准。 债务人经营或财务情况出现重大不利变化； 五级分类为关注级别； 预警客户清单。 ③上限标准。 债务人合同付款（包括本金和利息）逾期超过 30 天
	H	邮储银行	本集团在每个资产负债表日评估相关金融工具的信用风险自初始确认后是否已显著增加，考虑因素主要包括：监管及经营环境、内外部信用评级、偿债能力、经营能力、贷款合同条款等。本集团以单项金融工具或者具有相似信用风险特征的金融工具组合为基础，通过比较金融工具在资产负债表日发生违约的风险与初始确认日发生违约的风险，以确定金融工具预计存续期内发生违约风险的变化情况。 本集团根据金融资产信用风险特征和风险管理现状，设置定量和定性标准，主要包括客户评级下降 3 级、信用风险分类是否改变和逾期天数是否超过 30 天等，以判断金融资产信用风险是否已经显著增加

续表

银行类型	上市地	银行名称	对信用风险显著增加的描述
全国性股份制银行	A	平安银行	本公司在每个资产负债表日评估相关金融工具的信用风险自初始确认后是否已显著增加。本公司充分考虑反映其信用风险是否出现显著变化的各种合理且有依据的信息，包括前瞻性信息。主要考虑因素有监管及经营环境、内外部信用评级、偿债能力、经营能力、贷款合同条款、还款行为等。本公司以单项金融工具或者具有相似信用风险特征的金融工具组合为基础，通过比较金融工具在资产负债表日发生违约的风险与初始确认日发生违约的风险，以确定金融工具预计存续期内发生违约风险的变化情况。 本公司通过设置定量、定性标准来判断金融工具的信用风险自初始确认后是否发生显著变化。判断标准主要包括逾期天数超过 30 天、违约概率的变化、信用风险分类的变化，以及其他表明信用风险显著变化的情况
		浦发银行	本集团在每个资产负债表日评估相关金融资产的信用风险自初始确认后是否已显著增加。 当触发以下一个或多个定量、定性或上限标准时，本集团认为金融工具的信用风险已发生显著增加。 定量标准： 本集团通过信用风险评级是否下跌到一定等级，如企业贷款和金融投资交易对手在报告日的信用风险评级较初始确认时的信用风险评级下降到 B 级及以下，或违约概率较初始确认时的违约概率是否大幅上升，如个人贷款交易对手在报告日违约概率达到初始违约概率的 8 ~ 10 倍，以判断金融资产的信用风险自初始确认后是否发生显著增加。 定性标准： ①企业贷款和金融投资。 ②对于企业贷款和金融投资，如果借款人在风险监控清单上和/或该工具满足以下一个或多个标准： ③信用利差显著上升； ④借款人出现业务、财务和/或经济状况的重大不利变化； ⑤实际或预期的宽限期或重组； ⑥借款人经营情况的实际或预期的重大不利变化； ⑦出现现金流/流动性问题的早期迹象，如应付账款/贷款还款的延期。 上限标准： 交易对手在合同付款日后逾期超过 30 天仍未付款

续表

银行类型	上市地	银行名称	对信用风险显著增加的描述
全国性股份制银行	A + H	光大银行	在确定信用风险自初始确认后是否显著增加时，本集团考虑在无须付出不必要的额外成本或努力即可获得合理且有依据的信息，包括基于本集团历史数据的定性和定量分析及外部信用风险评级等。本集团以单项金融工具或者具有相似信用风险特征的金融工具组合为基础，通过比较金融工具在资产负债表日发生违约的风险与在初始确认日发生违约的风险，以确定金融工具预计存续期内发生违约风险的变化情况。当触发以下一个或多个定量、定性标准或上限指标时，本集团认为金融工具的信用风险已显著增加： ①定量标准：在报告日，客户评级较初始确认时下降超过一定级别。 ②定性标准：债务人经营或财务情况出现重大不利变化，五级分类为关注级别。 ③上限标准：债务人合同付款（包括本金和利息）逾期超过 30 天
		民生银行	信用风险显著增加的判断标准包括但不限于以下标准： ①本金或利息逾期超过 30 天； ②信用评级等级大幅变动，其中，信用评级等级采用本集团内部评级结果； ③借款人生产或经营环节出现严重问题，整体盈利能力明显下降，财务状况不佳； ④出现重大不利变化或事件对债务主体偿还能力产生负面影响； ⑤其他表明金融资产发生信用风险显著增加的客观证据
		招商银行	在评估自初始确认后信用风险是否显著增加时，将比较金融工具在报告日的违约风险与金融工具初始确认时的违约风险。 在实际操作中，本集团在评估信用风险是否显著增加时考虑金融工具的内部信用风险评级实际或预期显著恶化情况、内部预警信号、五级分类结果、逾期天数等。本集团定期回顾评价标准是否适用当前情况。满足下列任意条件的批发业务，本集团认为其信用风险显著增加：债项五级分类为关注类；债项逾期天数超过 30 天（含）；该客户内部信用风险评级达到评级下迁标准；该客户预警信号达到一定级别；该客户出现本集团认定的其他重大风险信号等。 满足下列任意条件的零售业务，本集团认为其信用风险显著增加：债项五级分类为关注类；债项逾期天数超过 30 天（含）；该客户出现本集团认定的其他重大风险信号等。

续表

银行类型	上市地	银行名称	对信用风险显著增加的描述
全国性股份制银行	A+H	招商银行	满足下列任意条件的信用卡业务，本集团认为其信用风险显著增加：债项五级分类为关注类；债项逾期天数超过30天（含）；该客户或者债项出现信用风险预警信号；该客户出现本集团认定的其他重大风险信号等。 如果：①违约风险较低，②借款人在近期内具有很强的履行合同现金流量义务的能力，③经济和商业条件的不利变化从长远来看不一定会降低借款人履行合同现金流量义务的能力，债务工具被确定为具有较低的信用风险。对于贷款承诺和财务担保合同，本集团成为不可撤销承诺一方的日期被视为评估金融工具减值的初始确认日。 本集团认为，如果债项五级分类为次级类、可疑类、损失类或债务工具逾期超过90天，则进入第三阶段
		中信银行	本集团在每个资产负债表日评估相关金融工具的信用风险自初始确认后是否已显著增加。当触发一个或多个定量、定性标准及上限指标时，本集团认为金融工具的信用风险已显著增加。本集团通过设置定量、定性标准及上限指标以判断金融工具的信用风险自初始确认后是否已显著增加，判断标准主要包括：①债务人信用风险自初始确认后评级下迁至15级及以下；②借款人出现业务、财务和经济状况或经营情况的重大不利变化；③其他信用风险显著增加的情况。例如，对于债务人合同付款（包括本金和利息）逾期30天（不含）至90天（含）的债项，本集团认为其信用风险显著增加，并将其划分至第二阶段
	H	浙商银行	本集团在每个资产负债表日评估相关金融工具的信用风险自初始确认后是否已显著增加。本集团以单项金融工具或者具有相似信用风险特征的金融工具组合为基础，通过比较金融工具在资产负债表日发生违约的风险与初始确认日发生违约的风险，以确定金融工具预计存续期内发生违约风险的变化情况。 本集团通过设置定量和定性标准来判断金融工具的信用风险自初始确认后是否发生显著变化。判断标准主要包括预期天数超过30天、违约概率的变化、信用风险分类的变化，以及其他表明信用风险显著变化的情况

续表

银行类型	上市地	银行名称	对信用风险显著增加的描述
城/农商银行	A + H	青岛银行	本集团通过比较金融工具在资产负债表日发生违约的风险与在初始确认日发生违约的风险，以确定金融工具预计存续期内发生违约风险的相对变化，以评估金融工具的信用风险自初始确认后是否已显著增加。根据金融工具的性质，本集团以单项金融工具或金融工具组合为基础评估信用风险是否显著增加。以金融工具组合为基础进行评估时，本集团可基于共同信用风险特征对金融工具进行分类，如逾期信息和信用风险评级。如果逾期超过 30 天，本集团确定金融工具的信用风险已经显著增加
		郑州银行	当触发某个或多个定量、定性标准或上限指标时，本集团认为金融工具的信用风险已显著增加。如果借款人被列入预警清单并且满足以下一个或多个标准： ①信用利差显著上升； ②借款人出现业务、财务和经济状况的重大不利变化； ③申请宽限期或债务重组； ④借款人经营情况出现重大不利变化； ⑤担保物价值变低（仅针对抵质押贷款）； ⑥出现现金流/流动性问题的早期迹象，如应付账款/贷款还款的延期； ⑦如果借款人在合同付款日后逾期超过 30 天仍未付款。 本集团对发放贷款及垫款和资金业务相关的金融工具使用预警清单监控信用风险，并在交易对手层面进行定期评估。用于识别信用风险显著增加的标准由管理层定期监控并复核其适当性
	H	甘肃银行	评估信用风险是否自初始确认以来已显著上升时，将金融工具报告日期出现违约的风险与该金融工具于初始确认日期出现违约的风险进行比较。评估信用风险是否已大幅增加时会考虑下列资料：金融工具外部（如有）或内部信贷评级的实际或预期大幅恶化；信用风险的外界市场指标大幅恶化，如信贷息差大幅增加、债务人的信贷违约掉期价；预期将导致债务人履行债务责任的能力大幅下降的业务、财务或经济状况的现有或预测不利变动；债务人经营业绩的实际或预期大幅恶化；导致债务人履行其债务责任的能力大幅下降的债务人监管、经济或者技术环境的实际或预期重大不利变动

续表

银行类型	上市地	银行名称	对信用风险显著增加的描述
城/农商银行	H	广州农商	当满足以下一个或多个标准时，本集团认为金融工具的信用风险已经显著增加。 定量标准： 于报告日期，本集团已透过违约概率的相对变动评估信用风险是否已显著增加。门槛是根据不同产品类型设定的，如公司贷款、个人贷款、证券投资等。对于没有逾期的金融工具，本集团已评估违约概率在存续期内的变化，以确定违约风险的增量。如果借款人在合同付款日期后超过30天仍未支付，金融工具的信用风险即被视为显著增加。 定性标准： 对于公司贷款和债券投资组合，如果借款人在警告列表中或符合以下一个或多个标准： ①借款人的业务、融资或经济状况出现重大负面影响； ②实际或预期会延期或重组； ③借款人经营出现实际或预期的重大不利变化； ④担保物的估值变化预计会导致违约概率增加（仅限于抵押和质押贷款）； ⑤有迹象出现现金流或流动性问题，如应付账款或偿还贷款要延期。 就公司贷款金融工具而言，本集团采用信用风险预警监控系统评估其信用风险是否显著增加。就债券投资相关金融工具而言，本集团加强了债券投资准入管理并定期进行评估。就个人贷款金融工具而言，本集团按组合每季度评估其信用风险是否显著增加。识别信用风险显著增加所采用的标准由风险管理部适时进行监控及复核
		哈尔滨银行	本集团在每个资产负债表日评估相关金融工具的信用风险自初始确认后是否已显著增加。本集团以单项金融工具或者具有相似信用风险特征的金融工具组合为基础，通过比较金融工具在资产负债表日发生违约的风险与在初始确认日发生违约的风险，以确定金融工具预计存续期内发生违约风险的变化情况
		徽商银行	选择信用风险显著增加的认定标准高度依赖判断，并可能对存续期较长的贷款的预期信用损失有重大影响。本集团以单项金融工具或者具有相似信用风险特征的金融工具组合为基础，通过比较金融工具在资产负债表日发生违约的风险与在初始确认日发生违约的风险，以确定金融工具预计存续期内发生违约风险的变化情况

续表

银行类型	上市地	银行名称	对信用风险显著增加的描述
城/农商银行	H	江西银行	本集团通过比较金融工具在资产负债表日发生违约的风险与在初始确认日发生违约的风险，以评估金融工具的信用风险自初始确认后是否已显著增加。 在确定信用风险自初始确认后是否显著增加时，以及估计预期信用亏损时，本集团考虑无须付出不必要的额外成本或努力即可获得的合理且有依据的信息，包括前瞻性信息。本集团考虑的信息包括： ①债务人未能按合同到期日支付本金或利息的情况； ②已发生的活预期的金融工具的外部或内部信用评级（如有）的严重恶化； ③已发生的活预期的债务人经营成果的严重恶化； ④现存的活预期的技术、市场、经济或法律环境发生变化，并将对债务人对本集团的还款能力产生重大不利影响。 根据金融工具的性质，本集团以单项金融工具或金融工具组合为基础评估信用风险是否显著增加。以金融工具组合为基础进行评估时，本集团基于共同信用风险特征对金融工具进行分类，如预期信息和信用风险评级。如果逾期超过 30 天，本集团确定金融工具的信用风险已经显著增加。 当符合某个或多个定量、定性标准或上限标准时，本集团认为金融工具的信用风险已经显著增加。 如果交易对手被列入预警清单并且满足以下一个或多个标准： ①信用利差显著上升； ②借款人出现业务、财务和经济状况的重大不利变化； ③申请宽限期或债务重组； ④借款人经营情况出现重大不利变化； ⑤担保物价值变低（仅针对抵质押贷款）； ⑥出现现金流/流动性问题的早期迹象，如应付账款/贷款还款的延期； ⑦如果借款人在合同付款日后逾期超过 30 天仍未付款
		九台农商银行	评估自初步确认后信贷风险是否显著增加时，本集团将报告日金融工具发生的违约风险与初步确认日金融工具发生的违约风险进行比较。在评估信贷风险是否显著增加时，会考虑以下资料：金融工具的外部或内部信贷评级实际或预期显著恶化；信贷风险的外部市场指标显著恶化，如信贷利差大幅增加、债务人的信贷违约掉期价格大幅上升；预期会导致债务人履行债务

续表

银行类型	上市地	银行名称	对信用风险显著增加的描述
城/农商银行	H	九台农商银行	责任的能力大幅下降的经营、财务或经济状况的现有或预测不利变化；债务人经营业绩实际或预期显著恶化；同一债务人其他金融工具的信贷风险显著上升；导致债务人履行债务责任的能力大幅下降的债务人监管、经济或技术环境的实际或预期重大不利变化
		盛京银行	本集团在判断信用风险是否显著增加时，使用了基准及其他情景下的整个存续期违约概率乘以情景权重，并考虑了定性和上限指标
		天津银行	为评估自初始确认以来信用风险是否显著增加，本集团对比金融工具截止报告日和初始确认日发生的违约风险情况。在进行该评估时，本集团会考虑合理且有根据的定量和定性资料，包括无须花费不必要成本或精力而可获取的过往的经验及前瞻性资料。无论上述评估结果如何，当合同付款逾期超过 30 天时，本集团假定信用风险自初始确认以来已显著增加，除非本集团拥有合理且有根据的资料证明事实并非如此，则另当别论。 尽管如此，如果债务工具在报告日确认的信用风险较低，则本集团仍假定该债务工具的信用风险自初始确认以来并未显著增加。 若一项债务工具违约风险较低，且借款人近期内有足够能力履行其合同现金流量义务，同时长期来看，经济和业务条件的不利变化可能但未必会降低借款人履行其合同现金流量义务的能力，则该债务工具的信用风险较低。 若一项债务工具外部信用评级为“A”以上，本集团认为该债务工具的信用风险较低。 对于贷款承诺和财务担保合同，应将本集团成为作出不可撤销承诺的一方之日作为评估金融工具减值的初始确认日。在评估一项贷款承诺自初始确认以来的信用风险是否显著增加时，本集团将考虑与贷款承诺相关的贷款发生违约的风险变化情况；就财务担保合同来说，本集团将考虑特定债务人合同违约风险的变化情况。 本集团定期监控用以判断信用风险是否显著增加的标准的有效性，且修订相关标准（如适当）来确保其能在金额逾期前判断出信用风险已显著增加

续表

银行类型	上市地	银行名称	对信用风险显著增加的描述
城/农商银行	H	中原银行	评估自初始确认后金融工具的信用风险（包括贷款承诺）是否显著增加时，本集团将报告日评估的金融工具违约风险与初始确认日评估的风险进行比较。进行重新评估时，本集团认为，当借款人不可能全数支付其对本集团的信用义务，且本集团不会就诸如实现担保等行为（如有）诉诸追索权；或该金融资产逾期 90 天，即发生违约风险。本集团会考虑无须支付过多成本或努力而可得的合理及有依据的定量和定性数据，包括以往经验和前瞻性信息
		重庆农村商业银行	本集团通过设置定量、定性标准来判断金融工具的信用风险自初始确认之后是否发生显著变化，主要考虑以下因素： ①债务人偿付利息或本金逾期超过 30 天，但未超过 90 天； ②债务人的评级较初始确认时显著下降； ③债务人经营或财务情况出现重大不利变化； ④其他表明信用风险显著变化的情况
		重庆银行	当触发以下一个或多个定量、定性标准或上限标准时，本集团认为金融工具的信用风险已显著增加： 定量标准：使用内部评级的公司贷款及证券投资业务在报告日剩余存续期违约概率较初始确认时对应相同期限的违约概率上升超过 100%，且报告日违约概率大于 2%。为了说明临界值的使用，以一笔公司贷款为例，贷款在初始确认时违约概率为 1.31%。如果在本报告日的剩余存续期，违约概率为 2.74%，与初始变化超过上述临界值，则信用风险已显著增加。本集团基于各类工具发生违约前整个存续期违约概率如何变动的评估，对使用内部评级的公司贷款及投资业务确定了相应的临界值。 定性标准：①借款人在预警清单上的贷款类金融工具。本集团使用预警清单监控信用风险，并在交易对手层面进行定期评估。②资产风险分类为关注一级至关注三级的 3 类债项。③内部管理状态分类为问题或逾期的信用卡。 上限标准：如果借款人在合同付款日后逾期超过 30 天仍未付款，则视为该金融工具的信用风险已显著增加。2018 年度，原信用等级较高的低风险类客户（内部评级为 AA 以上客户）视为具有较低信用风险，而不再比较报告日的信用风险与初始确认时是否已显著增加

资料来源：各上市商业银行 2018 年年报。

4.7.4 各银行对ECL模型方法的选择

表4-26汇总了26家商业银行2018年年报中所披露的计算ECL时的具体方法。

表4-26　　26家银行ECL模型的主要方法

银行类型	上市市场	银行名称	ECL模型的描述
大型商业银行	A+H	工商银行	采用风险参数模型法，关键参数包括违约概率（PD）、违约损失率（LGD）、违约风险敞口（EAD），并考虑货币时间价值。本集团结合宏观数据分析及专家判断结果确定乐观、中性、悲观的情景及其权重，从而计算本集团加权平均ECL准备金
		建设银行	采用风险参数模型法，关键参数包括违约概率、违约损失率、违约风险敞口，并考虑货币时间价值。本集团通过构建计量模型得到历史上宏观经济指标与违约概率和违约损失率之间的关系，根据未来宏观指标预测值计算未来一定时期的违约概率和违约损失率。本集团建立了计量模型用以确定乐观、基准、悲观三种情景的权重。2018年年末，乐观、基准、悲观三种情景的权重相似。本集团根据未来12个月三种情形下信用损失的加权平均值计提第一阶段的信用减值准备金，根据未来存续期内三种情形下信用损失的加权平均值计提第二阶段及第三阶段的信用减值准备金
		交通银行	通过自上而下的开发方法，建立了国民经济核算、价格指数、对外贸易、固定资产投资、货币及利率等多类宏观指标与风险参数的回归模型，计量多情景下的ECL。 对减值模型未覆盖的资产组合，参考已建立减值模型的相似资产组合，设置预期损失比例。对减值模型无法充分反映其非线性风险特征的情况，如具有风险传染性的集团集群类资产组合，积极稳妥处置去产能企业债务，叠加了管理层调整，该调整对本年度净利润的影响不大。 对政府平台类、集团集群类、房地产类筹资组合，在ECL的前瞻性信息中还需叠加管理层调整

续表

银行类型	上市市场	银行名称	ECL 模型的描述
大型商业银行	A+H	农业银行	本集团进行金融资产 ECL 减值测试的方法包括风险参数模型法和现金流折现模型法。个人客户信用类资产，以及划分为第一阶段和第二阶段的法人客户信用类资产，适用风险参数模型法；划分为第三阶段的法人客户信用类资产，适用现金流折现模型法。 本集团结合统计分析及专家判断结果来确定多种情景下的经济预测及其权重。其中主要核心经济预测指标在乐观、悲观情景下的波动不超过基准情景的 ±10%。基准情景的权重高于其他情景权重之和。本集团以加权的 12 个月 ECL（第一阶段）或加权的整个存续期 ECL（第二阶段及第三阶段）计量相关的减值准备。上述加权信用损失是由各情景下 ECL 乘以相应情景的权重计算得出
		中国银行	①评估 ECL 方法论及相关参数的合理性，包括违约概率、违约损失率、违约风险敞口及信用风险显著增加等； ②评估管理层确定 ECL 时采用的前瞻性信息，包括宏观经济变量的预测和多个宏观情景的假设； ③评估单项减值测试的模型和假设，分析管理层预计未来现金流量的金额、时间及发生概率，尤其是抵押物的可回收金额
	H	邮储银行	①如果该金融工具的信用风险自初始确认后已显著增加，本集团按照相当于该金融工具整个存续期内 ECL 的金额计量其减值准备。无论本集团评估信用损失的基础是单项金融工具还是金融工具组合，由此形成的减值准备的增加或转回金额，应当作为减值损失或利得计入当期损益。 ②如果该金融工具的信用风险自初始确认后并未显著增加，本集团按照相当于该金融工具未来 12 个月内（若存续期少于 12 个月，按照预计存续期内）ECL 的金额计量其减值准备。无论本集团评估信用损失的基础是单项金融工具还是金融工具组合，由此形成的减值准备的增加或转回金额，应当作为减值损失或利得计入当期损益

续表

<table>
<tr><th>银行类型</th><th>上市市场</th><th>银行名称</th><th>ECL 模型的描述</th></tr>
<tr><td rowspan="4">全国性股份制银行</td><td rowspan="2">A</td><td>平安银行</td><td>本公司进行金融资产 ECL 减值测试的方法包括风险参数模型法和现金流折现模型法。个人客户信贷类资产，以及划分为第一阶段和第二阶段的法人客户信贷类资产，适用风险参数模型法；划分为第三阶段的法人客户信贷类资产，适用现金流折现模型法。根据信用风险是否显著增加以及是否已发生信用减值，本公司对不同的资产分别以 12 个月或整个存续期的 ECL 计量减值准备。ECL 计量的关键参数包括违约概率、违约损失率和违约风险敞口。本公司以当前风险管理所使用的内部评级体系为基础，根据修订后的金融工具会计准则的要求，考虑历史统计数据（如交易对手评级、担保方式及抵质押物类别、还款方式等）的定量分析及前瞻性信息，建立违约概率、违约损失率及违约风险敞口模型</td></tr>
<tr><td>浦发银行</td><td>本集团按新准则要求开发了减值模型来计算 ECL，采用自上而下的开发方法，建立 GDP、CPI 等宏观指标与风险参数回归模型，并定期预测乐观、基准和悲观三种宏观情景，应用减值模型计算多情景下的 ECL。在确定金融工具处于第一阶段、第二阶段或第三阶段时，也相应确定了应当按照 12 个月或整个存续期的 ECL 计量减值准备。本集团以加权的 12 个月 ECL（第一阶段）或加权的整个存续期 ECL（第二阶段及第三阶段）计量相关的减值准备。上述加权的信用损失是由各情景下 ECL 乘以相应情景的权重计算得出，而不是对参数进行加权计算</td></tr>
<tr><td rowspan="2">A + H</td><td>光大银行</td><td>ECL 计量的关键参数包括违约概率、违约损失率和违约风险敞口。除了提供基准经济情景外，本集团结合统计模型及专家判断结果来确定其他可能的情景及其权重。本集团以加权的 12 个月 ECL（第一阶段）或加权的整个存续期 ECL（第二阶段及第三阶段）计量相关的减值准备。上述加权信用损失是由各情景下 ECL 乘以相应情景的权重计算得出</td></tr>
<tr><td>民生银行</td><td>ECL 是违约概率、违约损失率及违约风险敞口三个关键参数的乘积的加权平均值折现后的结果。本集团结合宏观数据分析及专家判断结果确定乐观、基准、悲观的情景及其权重，从而计算本集团加权平均 ECL 准备金</td></tr>
</table>

续表

银行类型	上市市场	银行名称	ECL 模型的描述
全国性股份制银行	A + H	招商银行	采用不同的模型和假设来评估金融资产的 ECL。通过判断来确定每类金融资产的最适用模型，以及确定这些模型所使用的假设，包括信用风险的关键驱动因素相关的假设。采用风险参数模型法，关键参数包括违约概率、违约损失率、违约风险敞口，并考虑货币时间价值
		中信银行	采用预期损失模型法和现金流折现模型法，关键参数包括违约概率、违约损失率、违约风险敞口。减值模型主要采用自上而下的开发方法，建立了公司及零售等减值模型，包括建立了不同关键经济指标与新增实际违约率的回归模型，并利用模型预测结果和历史违约信息计算调整系数，进而对各债项违约概率进行前瞻性调整，实现对拨备的前瞻性计算。本集团综合考虑内外部数据、专家预测结果及未来的最佳估计，定期完成乐观、基准和悲观三种国内宏观情景和宏观指标的预测，用于资产减值模型
	H	浙商银行	本集团根据新准则要求将金融工具划分为三个阶段，第一阶段是信用质量正常阶段，仅需计算未来一年 ECL，第二阶段是信用风险显著增加阶段，第三阶段是已发生损失阶段，需计算整个存续周期的 ECL。本集团按照新准则要求开发了减值模型来计算 ECL，采用自上而下的开发方法，建立了 GDP 等宏观指标与风险参数的 Logistic 回归模型，并通过 VAR 模型专家调整的工作机制定期预测乐观、基准和悲观等三种宏观情境，应用减值模型计算多情境下的信用减值损失
城/农商银行	A + H	青岛银行	ECL 是违约概率、违约风险敞口及违约损失率三者的乘积，并考虑了货币的时间价值。本集团在判断信用风险是否显著增加时，使用了基准及其他情景下的整个存续期违约概率乘以情景权重，并考虑了定性和上限标准。本集团以加权的 12 个月 ECL（第一阶段）或加权的整个存续期 ECL（第二阶段及第三阶段）计量相关的减值准备。上述加权的信用损失是由各情景下 ECL 乘以相应情景的权重计算得出。与其他经济预测类似，对预计经济指标和发生可能性的估计具有高度的固有不确定性，因此实际结果可能同预测结果存在重大差异。本集团认为这些预测结果体现了集团对可能结果的最佳估计

续表

银行类型	上市市场	银行名称	ECL 模型的描述
城/农商银行	A+H	郑州银行	整个存续期违约概率是运用到期模型，以 12 个月违约概率推导而来。到期模型描述了资产组合整个存续期的违约情况演进规律。该模型基于历史观察数据开发，并适用于同一组合和信用等级下的所有资产
	H	甘肃银行	ECL 是违约概率、违约损失率（即违约时亏损大小）及违约风险敞口的函数
		广州农商	本集团根据新准则制定了一个减值模型来计算 ECL。本集团采用自上而下的发展方法，建立了宏观经济指标和风险参数的逻辑回归模型。本集团整合统计分析和专家判断结果，以确定各种经济情景下的经济预测和权数系统。本集团基于宏观经济信息分析和专家判断，采用了三种经济情景（基准、悲观和乐观）。三种情景的权重分别为 55%、40% 和 5%
		哈尔滨银行	评估 ECL 模型方法论及相关参数的合理性，包括违约概率、违约损失率、违约风险敞口及信用风险显著增加等
		徽商银行	根据信用风险是否显著增加以及是否已发生信用减值，本集团对不同的资产分别以 12 个月或整个存续期的 ECL 计量减值准备。ECL 计量的关键参数包括违约概率、违约损失率和违约风险敞口。本集团以当前风险管理所使用的巴塞尔新资本协议体系为基础，根据 IFRS 9 的要求，考虑历史统计数据（如交易对手评级、担保方式及抵质押物类别、还款方式等）的定量分析及前瞻性信息，建立违约概率、违约损失率及违约风险敞口模型
		江西银行	运用 ECL 模型确定发放贷款和垫款及以摊余成本计量的金融投资的减值准备的过程中涉及若干关键参数和假设的应用，包括发生信用减值的阶段划分，违约概率、违约损失率、违约风险敞口、折现率等参数估计，同时考虑前瞻性调整及其他调整因素等，在这些参数的选取和假设的应用过程中涉及较多的管理层判断
		九台农商	ECL 是违约概率、违约损失率及违约风险敞口的函数。违约概率及违约损失率是基于过往数据和前瞻性资料调整后评估所得。金融资产的违约风险按报告日的资产总账面值呈列

续表

银行类型	上市市场	银行名称	ECL 模型的描述
城/农商银行	H	盛京银行	本集团对不同的资产分别以 12 个月或整个存续期的预期信用损失计量减值准备。ECL 是违约概率、违约风险敞口及违约损失率三者的乘积折现后的结果。本集团以加权的 12 个月 ECL（第一阶段）或加权的整个存续期 ECL（第二阶段及第三阶段）计量相关的减值准备。上述加权的信用损失是由各情景下 ECL 乘以相应情景的权重计算得出
		天津银行	计量预期信用损失的主要参数包括违约概率、违约损失率及违约风险敞口，如上所述，这些数据通常来自内部开发的统计模型和其他数据，并会进行调整，以反映概率加权的前瞻性信息。ECL 的计量基于概率加权平均信用损失，因此，不论按个别基准或组合基准计量，减值准则的计量应相同（尽管对大型组合而言，按组合基准计量更可信）
		中原银行	运用 ECL 模型确定发放贷款和垫款及以摊余成本计量的金融投资的减值准备的过程中涉及若干关键参数和假设的应用，包括发生信用减值的阶段划分，违约概率、违约损失率、违约风险敞口、折现率等参数估计，同时考虑前瞻性调整及其他调整因素等，在这些参数的选取和假设的应用过程中涉及较多的管理层判断
		重庆农村商业银行	运用三阶段减值模型计量 ECL。对于客户贷款及垫款减值准备，管理层运用包含违约概率、违约损失率、违约风险敞口和折现率等关键参数的风险参数模型法评估减值准备。复核了 ECL 模型计量方法论，对组合划分、模型选择、关键参数、重大判断和假设的合理性进行了评估。抽样检查了模型编码，以测试计量模型是否恰当地反映了管理层编写的模型方法论
		重庆银行	前瞻性经济指标及其对违约概率、违约敞口和违约损失率的影响，在不同金融工具中有所不同。本集团在此过程中也应用了专家判断系统。本集团利用外部数据，按年对这些经济指标进行预测（基本经济情景），并提供未来三年经济情况的最佳估计。对于三年后至金融工具剩余存续期结束时的经济指标，本集团采用均值回归法，即认为经济指标在后续期间内，趋向于长期保持平均值或长期保持平均增长。本集团通过莫顿公式及回归分析确定这些经济指标与违约概率之间的关系，以理解这些指标历史上的变化对违约概率的影响。本集团根据外部数据提供了其他可能的情景及情景权重。根据对每一个主要产品类

续表

银行类型	上市市场	银行名称	ECL 模型的描述
城/农商银行	H	重庆银行	型的分析，设定情景的数量，以确保覆盖非线性特征。本集团按年重新评估情景的数量及其特征。本集团结合统计分析及专家判断结果来确定情景权重，也同时考虑了各情景所代表的可能结果的范围。在确定金融工具处于第一阶段、第二阶段或第三阶段时，也相应确定了应当按照 12 个月或整个存续期的 ECL 计量减值准备。本集团以加权的 12 个月 ECL（第一阶段）或加权的整个存续期 ECL（第二阶段及第三阶段）计量相关的减值准备。上述加权的信用损失是由各情景下 ECL 乘以相应情景的权重计算得出，而不是对参数进行加权计算。2018 年 12 月 31 日，分配至各项经济情景的权重为“基准”70%，“乐观”20%，“悲观”10%

资料来源：各上市商业银行 2018 年年报。

4.7.5 报表列报格式

尽管五家 A 股大型商业银行从 2018 年起均已执行新准则，其信息披露与 CAS 37 的要求基本相符，但其实施口径又不尽相同。多家银行已在 2018 年半年报中披露了采用新准则导致会计政策的主要变化、新旧准则对分类计量结果的对比、资产负债表的余额调整表、将减值准备余额调整至新准则下的调节表等信息。

由于财政部于 2018 年 12 月才发布《新报表格式》要求，同时也由于各银行的金融工具业务结构存在不同程度的差异，因此各银行的报表列报科目与《新报表格式》的表内科目设置、金融资产的归口等方面存在一定差异。在这 26 家上市银行中，交通银行、浦发银行、平安银行、招商银行、中信银行和徽商银行 6 家上市银行的报表列报科目与《新报表格式》对会计科目的要求完全一致。也有为数不少的已经实施了新准则的上市银行，其财务报表上的列报科目与《新报表格式》要求并不一致，较多银行更倾向于直接以计量属性为标准设置二级科目，如在金融投资的一级科目下设置“以摊余成本计量的金融资产”“以公允价值计量且其变动计入当期损益的金融资产”和“以公允价值计量且其变动计入其他综合收益的金融资产”等二级明细科目（如工商银行、农业银行、邮储银行、光大银行、广州农商银行等），也有商业银行选择直接将“以公允价值计量且其变动计入当期损益的金融资产”和“以公允价值计量且其变动计入其他综合收益的金融资产”设置成一级科目（如天津银行、九台农商银行等）。

4.7.6 信息披露的可比性

FRC（2018）调研比较了大型银行和中小型银行在 IFRS 9 转换过程中的报表信息披露，调研结果显示两者在信息披露内容和披露质量方面的差异非常显著。具体来看，中小型银行在资产分类和计量信息披露方面存在的普遍问题包括：信息披露语言过于形式化，通常直接摘抄新准则的相关规定；几乎不披露对金融资产或负债进行指定的依据，只有个别银行以新准则的相关规定作为其指定依据；在 SPPI 测试中所涉及的业务模式的描述语言较为形式化。中小型银行进行资产减值信息披露时几乎不提供以下信息：会计减值和金融监管标准在 ECL 上的关键差异条款、对于信用风险三阶段的划分依据、减值损失随着三阶段的迁徙而发生的质量和数量的变化、采用组合方法计提减值时的资产组合依据，前瞻性宏观信息所包含的主要因素、对不同经济状况下资产减值的分情况讨论等。

在笔者查阅 26 家已经实施新准则的商业银行 2018 年半年报和年报的过程中，也发现了 FRC（2018）在调研中披露的上述问题。将同一银行的年报与半年报相比，各银行 2018 年年报的信息披露质量较其 2018 年半年报有一定的提高和改善，然而银行间的横向可比性仍不容乐观。

4.8 实施新准则对金融监管指标的影响

4.8.1 实施新准则对贷款拨备率的影响

贷款拨备率是商业银行的主要金融监管指标之一，在《商业银行贷款减值准备管理办法》（银监令（2011）4号）、《关于调整商业银行贷款减值准备监管要求的通知》（银监发（2018）7号）等银行监管文件中都有明确规定。

将46家上市商业银行按其性质及其在2018年是否实施新准则两个维度进行划分，得到5个子样本组①。表4－27列出了这5个子样本组中的商业银行2015—2018年的贷款拨备率。图4.1采用多元折线图的形式，将表4－27中的贷款拨备率数据展示出来，以便从多年数据的变化趋势中推断新准则对各类商业银行贷款拨备率的差异化影响程度。

表4－27　　2015—2018年的贷款拨备率情况

银行类型	是否已实施新准则	样本数/家	最小值	均值	中位数	最大值
			贷款拨备率（2015年）/（%）			
大型商业银行	是	6	2.20	2.70	2.37	4.53
全国性股份制银行	否	2	2.55	2.81	2.81	3.07
	是	7	2.39	2.72	2.52	3.30
城/农商银行	否	17	2.64	3.28	3.38	4.47
	是	14	2.00	2.98	2.83	4.11

① 由于6家大型商业银行在2018年均已执行新准则，因此全部大型商业银行均划分为1个子样本，而全国性股份制商业银行和城/农商银行中则既有从2018年起执行新准则的，也有执行旧准则的。

续表

银行类型	是否已实施新准则	样本数/家	最小值	均值	中位数	最大值
			贷款拨备率（2016 年）/（%）			
大型商业银行	是	6	2.22	2.61	2.33	4.12
全国性股份制银行	否	2	2.65	3.07	3.07	3.48
	是	7	2.43	2.91	2.71	3.44
城/农商银行	否	17	2.59	3.35	3.30	4.79
	是	14	2.55	3.19	3.02	4.10
			贷款拨备率（2017 年）/（%）			
大型商业银行	是	6	2.30	2.63	2.42	3.77
全国性股份制银行	否	2	2.76	3.06	3.06	3.37
	是	7	2.52	3.01	2.84	4.22
城/农商银行	否	17	2.60	3.46	3.36	4.60
	是	14	2.60	3.14	2.94	4.21
			贷款拨备率（2018 年）/（%）			
大型商业银行	是	6	2.57	2.98	2.83	4.01
全国性股份制银行	否	2	2.93	3.09	3.09	3.26
	是	7	2.31	3.10	2.80	4.88
城/农商银行	否	17	2.53	3.61	3.60	5.03
	是	14	2.75	3.41	3.25	4.74

资料来源：Wind 数据库。

将表 4 – 27 中的贷款拨备率数据更清晰地投射到图 4.1 所示的折线图中。

中国银行业监督管理委员会（简称银监会）2011 年通过的《商业银行贷款减值准备管理办法》第七条明确规定“贷款拨备率基本标准为 2.5%，拨备覆盖率基本标准为 150%。该两项标准中的较高者为商业银行贷款减值准备的监管标准。”表 4 – 27 中的结果表明，在 2015—2017 年的 3 年中，绝大多数商业银行的贷款拨备率符合 2.5% 之上的监管要求；

从均值来看，大型商业银行的贷款拨备率最低，全国性股份制银行居中，城/农商银行的最高。

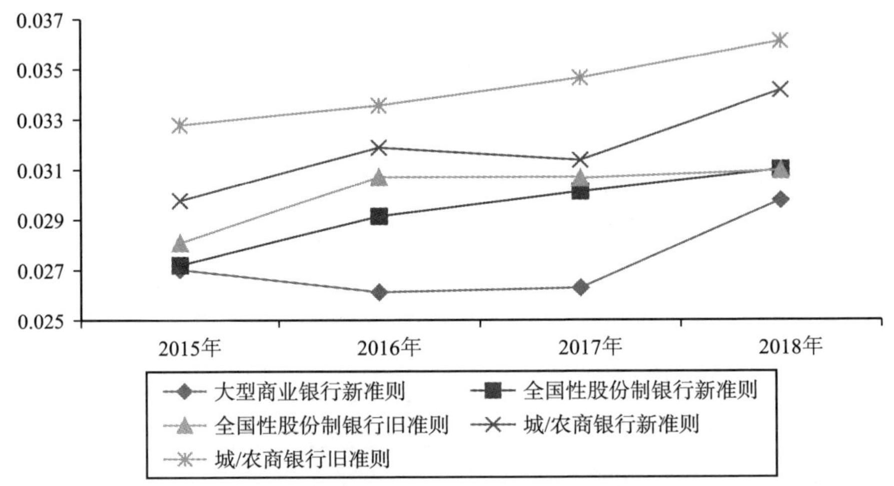

图 4.1　新准则对各类银行贷款拨备率的差异化影响

银监会 2018 年 2 月 28 日印发《关于调整商业银行贷款减值准备监管要求的通知》，对 2011 年版《商业银行贷款减值准备管理办法》进行调整，将贷款拨备率的监管要求由 2.5% 调整为 1.5% ~2.5%。然而，从表 4 -27 和图 4.1 的结果来看，金融监管标准的“松绑”似乎并未阻止各类商业银行贷款拨备率稳步上升的趋势。

图 4.1 中的结果表明，实施新准则的商业银行（包括全国性股份制银行和城/农商银行）和未实施新准则的同类商业银行相比，前者贷款拨备率的增长幅度更高，这表明新准则在贷款拨备率上升方面发挥了重要作用。从表 4 -27 中的明细数据来看，至 2018 年尚未施行新准则的全国性股份制银行只有 2 家，其 2018 年的贷款拨备率与 2017 年基本持平，其余各类商业银行 2018 年的贷款拨备率均比 2017 年有不同程度的增长，个别城/农商银行在 2018 年的贷款拨备率甚至已超过 5%。

为了更精确地展示新准则对各类商业银行贷款拨备率增幅的差异化影

响，进一步计算各类商业银行在 2016—2018 年贷款拨备率的增长率，具体数据见表 4 - 28。

表 4 - 28　　　2016—2018 年贷款拨备率的增长情况

银行类型	是否已实施新准则	样本数/家	最小值	均值	中位数	最大值
			贷款拨备率的增长率（2016 年）/(%)			
大型商业银行	是	6	-9.01	-2.37	-3.48	8.52
全国性股份制银行	否	2	4.22	8.89	8.89	13.55
	是	7	-3.50	7.24	9.72	16.70
城/农商银行	否	17	-12.92	2.62	4.97	14.88
	是	14	-10.36	10.71	5.04	74.22
			贷款拨备率的增长率（2017 年）/(%)			
大型商业银行	是	6	-8.43	1.89	1.61	11.56
全国性股份制银行	否	2	-3.31	0.35	0.35	4.02
	是	7	-11.07	3.17	1.58	25.08
城/农商银行	否	17	-6.95	3.48	0.43	25.89
	是	14	-26.93	-1.03	0.68	11.56
			贷款拨备率的增长率（2018 年）/(%)			
大型商业银行	是	6	6.40	13.79	12.22	22.03
全国性股份制银行	否	2	-3.22	1.44	1.44	6.10
	是	7	-12.97	2.26	4.56	15.63
城/农商银行	否	17	-14.12	4.56	6.05	21.17
	是	14	-8.09	8.35	3.50	40.94

资料来源：Wind 数据库。

将图 4.1 中各类商业银行贷款拨备率的增长趋势和表 4 - 28 中 2018 年的均值和中位数明细数据结合起来，可以发现在各类商业银行中，6 家大型商业银行在 2018 年均已开始实施新准则，其 2018 年度的贷款拨备率增长率的横向相对水平（与已实施新准则的其他两类商业银行相比）和纵向相对水平（与其自身的2016年和2017年相比）均遥遥领先。这在一定程度上也反映出大型商业银行对新准则中的ECL模型执行得相对充分。

4.8.2 从信用减值损失看贷款减值准备的质量

信用风险是商业银行面临的主要的风险之一，新准则要求商业银行通过“信用减值损失”科目体现银行由信用风险而造成的损失。Wind数据显示，26家已执行新准则的上市商业银行中，除工商银行、天津银行、江西银行、甘肃银行、徽商银行和九台农商银行6家银行之外，其余20家银行均已在其2018年年报中披露了信用减值损失的具体金额。表4-29列出了这20家商业银行2018年信用减值损失占2017年贷款减值准备余额的比例。

表4-29 信用减值损失/贷款减值准备的比率

银行类型	样本数/家	最小值	均值	中位数	最大值
		2018年信用减值损失/2017年贷款减值准备的比率/(%)			
大型商业银行	5	33.80	44.81	42.43	62.57
全国性股份制银行	7	40.44	66.88	63.68	109.14
城/农商银行	8	35.93	74.16	76.47	103.99

资料来源：Wind数据库。

表4-29中的结果表明，大型商业银行的这一比率最低，全国性股份制银行次之，城/农商银行最高，在后两者中最大值甚至超过100%。换言之，这类银行2017年计提的金融资产减值准备还不足以抵充其在2018年实际发生的信用风险损失。此外，这也体现了大型商业银行在减值准备计提政策落实上较为稳健，相较于全国性股份制银行和城/农商银行在信用风险管理领域拥有较大优势。

4.9 实施新准则对银行财务指标的影响

4.9.1 新准则对银行收益结构的影响

新准则实施使得旧准则下的部分生息资产转至新准则下的投资性金融资产，从而使得部分金融资产所产生的收益从旧准则下的“利息收入”转至新准则下的“投资收益”。此外，在 ECL 模型下，金融资产划入第一阶段和第二阶段时，金融资产的利息收入以资产的账面总额为基数进行计算，不扣除预期信用损失；而当其划入第三阶段时，利息收入应根据金融资产的净账面价值来计算，必须扣除预期信用损失。以上两个方面都可能导致银行的传统业绩指标——净利差下降，而投资收益的波动幅度上升。以下是两个较为典型的例子。

辛继召（2018）指出，郑州银行 2018 年 1 ~ 9 月的投资净收益为 15.39 亿元，同比暴增 3007.12%，其他综合收益 0.1 亿元，剧增 20092%，而造成该行财务业绩变脸的主要原因是新准则将原应收款项类投资以公允价值计量，而不再作为生息资产，其在持有期间的收益均计入投资收益。无独有偶，在国泰安（CSMAR）的投资者关系数据库中有这样一条信息，青岛银行在其 2019 年 4 月 1 日举办的业绩说明会上将其 2018 年度的净利差与净利息收益率的变化主要归因于新准则的实施，具体说明如下：“报告期内，我行净利差 1.67%，比上年提高 0.10 个百分点，净利息收益率 1.63%，比上年下降 0.09 个百分点，主要由于采用新准则，改变金融资产分类，确认利息收入的资产减少，确认投资收益的资产增加，计入生息资产的投资规模相应下降，而付息负债规模增长且市场资金成本率上升。”

4.9.2 新准则对银行股东权益的影响

与境外银行主要披露 IFRS 9 对其核心一级资本充足率的影响不同，国内银行主要披露新准则的实施对股东权益的影响，安永会计师事务所（2018）在2018年中国银行业调查报告中提到，有24家银行在其2017年年报中披露了新准则对2018年初股东权益的量化影响，其中5家银行（建设银行、邮储银行、浙商银行、广州农商银行、重庆农商银行）认为其股东权益将下降1%左右，10家银行（工商银行、农业银行、中国银行、招商银行、中信银行、盛京银行、徽商银行、天津银行、锦州银行和哈尔滨银行）认为将下降1%～2%，另外8家银行（平安银行、光大银行、郑州银行、浦发银行、民生银行、中原银行、甘肃银行、九台银行）认为其股东权益将下降2%～3%，而重庆银行则预计使用新准则对其股东权益的影响达到6%。

第 5 章　A 银行首次实施新准则的案例研究

本章主要通过问卷调查、实地调研与案例分析等方法，介绍新准则在某大型商业银行（为信息脱敏起见，以下简称 A 银行）中的实施进度、实施过程、实施难点与实施思考等，以便读者能更详细地了解新准则在商业银行中的具体实施过程。同时本章也为第 6 章提出新准则在商业银行中的实施成本框架及第 7 章总结新准则实施成本的降低路径等提供必要的现实基础与理论铺垫。对 A 银行发放的调查问卷在本书的附录中。

本章主要根据 A 银行对调查问卷第一部分和第二部分的反馈及笔者在现场调研访谈中所获得的资料汇总整理而成。

5.1　对 A 银行开展调研的背景简介

5.1.1　研究方法

限于商业银行内部信息的保密原则，笔者以调查问卷为调研提纲，以 A 银行为调研对象，通过现场访谈了解该商业银行对新准则的实施进度、实施方案、实施成本等。

5.1.2 研究步骤

首先，在已有理论文献基础上形成调查问卷的初稿；其次，在走访调研了立信会计师事务所金融审计部的多位项目经理及上海安硕益盛商务咨询有限公司[①]之后，根据实务专家的反馈意见对调查问卷进行了多次修改和完善；再次，以修正后的调查问卷为初步调研提纲，对A银行开展现场实地调研；最后，从调研过程中梳理出相应的研究发现（详见本章），提炼研究结论（详见第6章），提出相应的政策建议（详见第7章）。

5.1.3 调查问卷

调查问卷分三部分：①新准则及《新报表格式》的实施进度；②新准则及《新报表格式》的实施成本框架及实施成本总额；③新准则及《新报表格式》在各业务模块上的单项实施成本。

该调查问卷的重点和难点在第二部分和第三部分，这也是撰写及修改调查问卷中遇到的较大的技术难点，因为现有的理论文献并未对准则实施成本框架或具体成本要素给出一个相对权威的答案。在问卷设计的咨询阶段，实务界专家也认为准则实施成本的界定存在一定的模糊性。

因此，笔者先遵从《财务报告概念框架2018》（IASB，2018）对财务报告成本归类，从成本性质的角度初步拟定准则实施成本框架，将该准则实施成本框架与新准则影响商业银行的主要业务结合起来，将该准则实施成本框架推定至业务驱动的各项成本要素，形成附录中附图A1所示的准则实施成本框架。该准则实施成本框架还需要在A银行开展现场调研之后予以调整。

① 该公司的主营业务是金融机构，尤其是商业银行，提供专业化的风险计量、资本管理、评级云等服务，承接过五家银行实施新准则的外包业务。

5.1.4 调研对象

最终确定的现场调研对象是我国 6 家大型国有商业银行中的一家，为信息脱敏起见，本书并不对该调研对象进行详细描述，在之后的内容中也均以 A 银行指代该银行。

A 银行的信息系统有 70% ~80% 是自行开发完成的。A 银行作为 2014 年起就通过银监会评审具备实施资本管理高级方法资质的 6 家大型国有商业银行之一[①]，从 2012 年起就执行《商业银行实施资本管理高级方法监管暂行细则》，每年接受监管部门组织的评估专家团队的现场检查和非现场监管。该银行在内部控制、资产评估、计量模型、数据信息技术等各方面基础较强。

5.2 A 银行对新准则的实施方案

5.2.1 实施进度

德勤会计师事务所（2015）开展的全球银行业第五次调查报告结果表明，参加调研的银行中有 39% 选择对其所有类型的产品和所有地理区域的分支银行同时实施 IFRS 9，有 29% 的调研对象则选择根据 IFRS 9 的内容来分阶段实施（如先是分类与计量，再是金融资产减值，最后是套期会计等），前者主要为全球大型银行，后者主要为中小型银行。EBA 于

① 2014 年 4 月 24 日，银监会官网发文称，已根据《商业银行资本管理办法（试行）》，核准了工商银行、农业银行、中国银行、建设银行、交通银行、招商银行 6 家银行实施资本管理高级方法。

2016 年对欧盟国家中 58 家银行开展的调研结果表明，绝大部分银行倾向于通过对自身原有的软硬件设施进行改造来完成 IFRS 9 的实施。这些软硬件设施包括已用于监管或自身信用风险管理的定义、流程、系统、模型和数据等。

与上述两份报告中的国际同类银行的选择相同，A 银行原有的软硬件系统相对较完善，财务、估值、风险管理等支持团队的经验较丰富，其主要是在对原有系统进行更新改造的基础上，采用整体推进的方案实施新准则。项目实施中的人员配置如下：

A 银行自 2015 年起为应对新准则成立了专项实施小组，涉及财务部门、业务部门、估值部门、产品开发部门、风险管理部门、合规内控部门、报告与投资者关系部门、信息科技部门等多个部门。该专项实施小组的核心成员也多为各部门的主要负责人。在实施过程中，A 银行将新准则拆分为分类与计量、减值、套期三个子项目同步推进，期间还聘请了外部咨询专家提供专业技术支持。

项目实施的具体时间进度如下：

2015—2016 年内部团队通过头脑风暴和方案研讨，提出应对新准则实施的方法论，将新准则的要求落实到实务操作中。2016—2017 年进行系统构建，在此过程中邀请了会计师事务所及信用风险管理领域的专家等参与讨论和修改。2017 年下半年与新旧准则相适配的两套信息系统同步运行，结合新系统的开发、测试、运行等工作，着手制定和修订系统操作手册，对管理层、业务部门、内审部门等开展有针对性的内部沟通，将新模型、新系统的各项要求传达至各执行部门，使相关工作人员理解到位。此外，还需对新系统运行过程中的差错进行人工调试，提出解决方案等。2018 年直接切换到与新准则适配的新系统，在运行过程中，还需与银行内部的董事会和审计委员会、银行外部的金融监管机构保持沟通，解释新准则对财务数据和监管数据的影响。

自 2018 年起，A 银行的内部审计部门开展了对新系统开发效率及新准则执行效果的审计，通过审计委员会提出独立内部审计报告。同时，A 银行从 2019—2020 年着手更新或开发与新系统相配套的预算管理系统、资产负债管理系统、业绩评价系统等，以不断提高内部管理效率。

5.2.2 实施方案

尽管 A 银行采用了整体推进的方式实施新准则，但落实到新准则的各个重点修订领域，又由各分管负责人分工协作，重点推进。各项具体准则的实施方案大致如下所述。

1. 金融工具分类的实施方案

（1）对 A 银行现有或潜在的表内外各项金融工具业务进行梳理，汇总出各项金融工具的业务特征（具体包括现有金融资产分类、业务合同条款、金融工具的持有意图），并对存在多种可能的项目进行情景分析。

（2）建立 SPPI 测算模型、划分标准、判断流程及调整方案，包括现有产品下的 SPPI 测试结果及调整方案，以及未来新增产品的 SPPI 测算的模型、划分标准及判断流程等。

（3）根据内部研讨过程中形成的判别金融工具业务模式的方法论，提出识别各业务模式及其变更情形的方案。

（4）在第一步信息梳理的基础上，结合第二步 SPPI 模型的测算结果及第三步业务模式评估的结果，确定金融工具的分类，考虑到线上无法穷举 SPPI 测试中所有的合同条款，还需要借助线下的人工判断，进而不断更新和维护 SPPI 测试判断的标准和内容库，完善线上系统。

（5）对照 CAS 37 及《新报表格式》，重设相关会计科目及财务报表，包括会计科目改造方案及相关制度、办法等，财务报表的主表、附注变更及相应的填列方法。

2. 金融工具计量的实施方案

无法通过 SPPI 测试的复杂金融工具后续需进行公允价值计量，需要对接原有估值系统，有的还需要更新或开发新的估值模型。

A 银行拥有相对较成熟的估值系统，对原有金融产品的估值方法相对较完善。此次新准则的实施需要对原有估值系统进行更新，并将其与更新后的业务系统、核算系统、风险管理系统等对接起来。具体流程为，由业务系统将业务数据同时传递至核算系统、估值系统和风险管理系统；估值系统完成估值后，将估值结果传递至核算系统与风险管理系统，为核算系统提供账务处理数据，为风险管理系统提供风险预警等方面的数据支持。

3. 金融资产减值的实施方案

（1）通过自行学习、内部研讨、专家咨询等方法，形成将已发生损失模型转至 ECL 模型的方法论。

（2）在新的金融工具分类的基础上，划分出其中需要计提减值的范围，至少应当包括以 AC 计量的金融资产、以 FVOCI 计量的非股权类金融资产及表外信用风险敞口的部分资产。

（3）对需要计提减值范围内的金融资产进行细分，基于现状分析和同业实践，将敞口根据后续采取的不同减值计量方案进行划分，具体分为对公信贷类、零售信贷类、债券投资类、金融同业类等。在划分时考量的维度包括敞口的类别、是否有内外部评级参考、是否适用五级分类、当前减值计算方法和数据支持程度及历史数据质量等多方面。

（4）制定信用风险显著增加和违约的定义与标准，对减值范围内的各项细分金融资产按其信用风险程度进行三阶段划分，其中风险无显著增加的划分为第一阶段，风险显著增加的划分为第二阶段，违约事实已确定的划分为第三阶段。

（5）判断信用风险显著增加或违约时，不仅需要依赖历史数据，还需要纳入前瞻性信息进行宏观调整，系统对接 Wind、Bloomberg、路透等多个数据接口，实现数据流的交互传递，数据从业务系统经由风险管理系统传递到核算系统。此外，风险管理系统也会定期回测检验前瞻性信息在预测宏观经济状况方面的有效性，继而对相关前瞻性信息作出必要的调整。

（6）在以上五步的基础上，将 ECL 模型方案与减值范围内的金融工具业务结合起来进行模拟运行，动态监测信用风险参数估计的及时性和准确性，判断该模型是否能覆盖新准则所应涵盖的信贷资产。通过监控数据的反馈，对于 ECL 模型的方法、参数、标准的选择进行多情境的分析和比较，动态管理形成相对最优化的方案。

（7）分析和评估 ECL 模型下的减值结果，需要评估的内容至少包括信用损失分布及对股东权益、一级核心资本覆盖率、贷款拨备率等财务和监管指标的影响，制定及完善银行内相关的会计制度和管理方法，并与投资者、准则制定机构及金融监管机构保持积极的沟通。

4. 新套期会计的实施方案

A 银行中衍生金融工具的业务规模相对较小，对套期会计的使用量也不大，对 CAS 24 的实施更侧重于准则差异分析和未来应用的研究。

首先，学习 CAS 24 的修订及新增内容，包括被套期项目和套期工具的范围、套期关系指定、套期有效性评估要求、套期成本的概念及应用、套期关系再平衡、套期会计的终止要求等内容。

其次，排查现有衍生金融工具业务，重点关注因旧 CAS 24 条款限制而被排除在套期会计准则之外的衍生金融工具业务、自 2018 年起新签订的套期业务，以及原有业务中持续至 2018 年及以后的长期套期业务。

最后，梳理出与这些套期业务相关的各类套期关系指定文件、内部控制制度文件等，结合 CAS 24 的要求，修订财务系统参数或相关业务流程，对原有存量套期业务的表内核算、套期关系指定及风险管理策略等相关文件的准备、表外披露进行调整，对新增套期业务按新准则执行。

5. 列报、披露与报送的实施方案

CAS 37 和《新报表格式》对金融资产分类与计量、资产减值和套期业务的财务报表列报及相关信息披露提出了新要求，这使得新准则的财务报表列报与信息披露并非一项独立的工作，而是对接到前述四项业务实施方案中的末端步骤中。

由于 CAS 37 和《新报表格式》并不是同步发布的，财政部对《新报表格式》的要求也存在后续更新调整的可能，因此在此过程中，A 银行也积极参与财政部会计司等相关部门组织的调研与意见反馈，在与政策制定部门保持沟通的过程中及时调整报表格式。

A 银行除了要向投资者公布财务报告，还需向金融监管部门报送符合监管要求的报表，如 1104 报表①。在 IFRS 9 和巴塞尔协议Ⅲ标准趋同的大背景下，新准则的财务结果与 1104 报表填报口径的差异也在缩小，但两者之间仍存在不少具体差异。新准则的实施将对 1104 报表中资本充足率、贷款拨备率、净息差、非利息收入占比等非现场监管指标产生影响，因此还需在报表报送过程中与监管者保持沟通。

6. 提升内部管理效率的计划方案

在前述五项新准则实施方案主体完成之后，A 银行将借助此次新准则实施的契机，在风险管理系统、业务流程、财务系统等系统更新改造的基础上，进一步推动上下游相关系统的适配性改造，包括预算管理系统、成本管理系统、业绩考评系统、报税系统等系统的开发与改造等。

---

① 2003 年 11 月 4 日，中国银监会在召开的“银行业金融机构监管信息系统建设”主席办公会上决定启动银行业金融机构监管信息系统。2007 年该系统正式投入运行，它是一个面向银行业金融机构数据采集端的非现场检查信息技术平台，银监会称其为“1104 工程”。2016 年，银监会对非现场监管报表体系作出了整体优化，将报表重新进行了分类，一共分为四大类：第一类为基础类报表，第二类为业务类报表，第三类为支持发展类报表，最后一类为机构类特色报表。

5.3 实施过程中的困难

5.3.1 各部门、各环节的统筹与协调

新准则涉及 A 银行几乎所有金融工具业务，这意味着金融资产的业务模式判断、SPPI 测试、减值测试都需要从业务部门的业务系统中获取各项金融工具的底层数据，加之 A 银行的国际化和多元化程度较高，业务涉及多个跨国、境外分支机构，资产产品较丰富，这对各业务部门的信息化程度和信息共享提出了较高要求，对银行的信息资源整合带来了挑战。

此外，IFRS 9 的最终稿于 2014 年 9 月正式发布。我国的新金融工具准则在 A 银行从 2018 年起就要实施，在 3 年内要完成准则解读、构建、测试、反馈、调试、运行等各步骤，需要各部门的通力配合，且各部门所负责的具体业务环节在实施进度上也需对接配合。

5.3.2 资源配置不充分

尽管会计准则是一项能降低交易成本的制度安排（刘峰，2000），但是会计准则的转换所能带来的战略收益并不直接，实施成本主要由执行主体承担，难以调动管理层的积极性。准则的转化与实施落实到实务操作层面往往被界定为财务部门的事，这使得新准则的实施变成了一项由中间向两头传达的工程。然而财务部门受到工作范围和影响力的约束，很难协调多个部门共同完成。

5.3.3 ECL 模型的技术难点及其对软硬件的要求

新准则要求在 ECL 模型中纳入前瞻性信息调整，尽管 A 银行采用了与同类银行类似的宏观预测数据，也纳入了尽可能多的海外宏观预测数据，但经过其内部研究与数据回测，A 银行发现现有的宏观数据预测模型能准确预测的跨度通常为未来 3～4 个月，甚至无法覆盖信用风险资产第一阶段所要求的未来 12 个月预期信用损失的时间跨度，更不用说第二阶段、第三阶段所要求的 12 个月以上的金融工具整个存续期内的时间跨度。

随着新准则的实施，A 银行对金融资产减值计提管理的颗粒度已经从“资产组合”降维至“单项资产”，计提测试的频率也细化到“每日计算、次日报告”的 $t+1$ 制。这对 ECL 中的参数设计、模型维护、系统计算能力、数据灾备等各方面都提出了较高的要求。

5.3.4 与外部利益相关者的沟通与协调

黄世忠（2015）认为金融资产的分类、计量及 ECL 模型的运用都高度依赖管理层的估计和判断，企业可能会借此规避监管或操纵利润，这将大幅度增加审计取证的难度和诉讼风险。金融监管部门在判断管理层是否滥用会计准则赋予的自由裁量权以规避资本和其他监管时，证券监管部门在判断上市公司是否利用会计准则调节利润以操纵股价时，都会遇到诸多棘手的问题。

与之相对的，对准则执行者而言，与投资者、客户、税务部门、监管机构、行业协会、外部审计机构、分析师与评级机构、咨询机构、供应商等利益相关方沟通和协调的成本也将大大提升。

5.4 实施过程中的思考

5.4.1 新准则预期效果的可实现程度

如果说 5.3 节所述是 A 银行在实施新准则过程中的工作难点，那么以下三点更倾向于 A 银行在新准则实施过程中的一些困惑和思考。

新准则中的 CAS 22 被准则制定者寄予缓解金融资产减值顺周期性的期望。在新准则下，采用 ECL 模型计提减值时，金融资产在第一阶段向第二阶段迁移时仍可能产生与已发生损失模型一样的“悬崖效应”，只是该“悬崖效应”的程度可能比后者有所缓解，缓解的原因在于新准则下处于第一阶段的金融资产也计提了 12 个月的减值准备，即把“悬崖”的起跳点放低了。然而该缓解作用在考虑了前瞻性信息调整、贷款业务不断滚动更新，以及金融资产的开放式投资组合业务等实务因素之后可能并不显著。换言之，新准则在金融工具业务整体层面的逆周期管理效果尚待检验。

新准则中的 CAS 37 被准则制定者寄予了提高会计信息有用性的期望。然而由于新准则赋予会计更多的重要性专业判断空间，有可能造成会计信息可比性下降，加上该准则从 2018—2021 年分类逐步实施，同时又允许企业提前实施，这有可能使得会计信息不可比性在这几年过渡期内体现得更为明显。另一方面，广泛而复杂的会计专业判断的信息披露并不一定有助于投资者理解财务信息，而是更多地体现为有利于金融监管机构掌握银行风险管理状况。

以上两个观点在德勤会计师事务所（2014、2015）的全球银行业第四、第五次调查报告中也得到了佐证。这两份调查报告的数据表明，有

56%的银行对信用数据在准则变迁过渡期内的一致性和信用数据质量表示担忧，有近一半的调研对象认为IFRS 9的财务报表信息可比性更低，大量的信息披露要求也无法解决信息可比性问题；与此同时，有76%的被调研银行认为IFRS 9的信息比IAS 39的信息更有利于金融监管。

5.4.2 新准则要求与信贷政策导向之间的分歧

新准则对信用风险管理的要求提高了，使得信用风险管理的颗粒度更细，原先在银行实务中广泛采用的“组合计提减值”转至“逐项计提”，原先基于产品组合层面的信用评估降维至基于客户个体层面的信用评估。会计准则的变化导致某些产品线的准备金有所提高，银行不得不持有更多的资本储备，这将推高提供此类产品的银行的资本成本。这一点得到了德勤会计师事务所（2014）第四次全球银行业调查报告的佐证，在调查报告中有56%的银行认为IFRS 9会影响到所有重要贷款资产类别（包括企业客户贷款、中小企业贷款及按揭贷款）的定价。

进入2018年以来，中国人民银行和中国银行保险监督管理委员会（银保监会）等部门多次出台“硬举措”，多部门共同发力，支持小微企业和民营企业融资。2018年11月1日，中共中央总书记习近平主持召开了民营企业座谈会，就支持民营企业发展壮大发表重要讲话。11月7日，中国人民银行党委书记、中国银保监会主席郭树清在接受《金融时报》记者采访时表示，将考虑在民营企业贷款中实现“一二五”的目标，即在新增的公司类贷款中，大型银行对民营企业的贷款不低于1/3，中小型银行不低于2/3，争取三年以后，银行业对民营企业的贷款占新增公司类贷款的比例不低于50%。总体而言，信贷政策导向是引导银行向小微企业、“三农”企业倾斜，从“惧贷、难贷、惜贷”到“敢贷、能贷、愿贷”。

将新准则要求与信贷政策导向对比后可以发现，新准则的实施可能使得银行对企业个体层面的信贷风险评估趋于严格，对信贷风险更高的小微企业、“三农”企业提出更高的贷款利率，然而这一操作又可能与当前的信贷政策导向并不一致。

5.4.3 新准则实施的收益

新准则的实施并非只有困难和投入，也会给银行带来多方面的收益，具体包括以下几方面。

首先，新准则的实施给银行的风险管理带来了新的方法，促使 A 银行对风险管理系统投入了大量的人力、物力进行更新改造。围绕着风险管理系统的更新改造，相关的内部管理系统也得到完善，相应的内部管理效率也得到提升。其次，财务、业务、风控等部门之间的联系更紧密，数据共享、信息传递的需求更强烈，路径也更多元化。再次，ECL 减值模型提升了 A 银行对微观、中观和宏观历史数据的积累及使用效率。最后，会计准则与金融监管之间的口径差异进一步缩小，这一点在 CAS 22 和 CAS 24 中都有所体现。

第6章 新准则的实施成本框架及成本要素研究

从第5章的内容可以发现，新准则在商业银行推进实施的过程中可能引起实施成本大幅上升。新准则的实施成本也是准则执行者、准则制定者及理论研究者和实务工作者共同关心的话题。本章将围绕新准则在商业银行中的实施成本这一议题，展开文献回顾、实地调研和多案例模拟等研究，在构建新准则实施成本框架的基础上，全方位地描述新准则实施成本框架中的各项具体成本要素。

6.1 会计准则实施成本的相关文献回顾与述评

6.1.1 企业会计准则实施成本的研究现状

与会计准则或规则的实施成本直接相关的研究主要包括以下两方面。

（1）以萨班斯法案之后内部控制制度要求提升为研究背景，研究内部控制制度相关的强制披露引起的执行成本（Chhaochharia and Grinstein，2007）。

（2）采用问卷调查或大样本实证分析的方法，探讨IFRS替代本国原有会计准则的成本和收益，目前已有来自澳大利亚（Loyeung，2016；Pawsey，2017）、英国和意大利（Fox et al.，2013；Farajpour et al.，2013）、孟加拉国（Hossain et al.，2015）、哈萨克斯坦（Tyrrall et al.，2007）、波兰（Szychta and Kabalski，2016）等国的经验证据，也有来自多国家或地区间比较的经验证据（Taylor，2009）。

然而上述理论研究所探讨的会计准则执行的“成本”，多指会计准则的变更而引起的企业融资成本、信息不对称程度、会计报告质量、成本收益波动等间接成本，更侧重对准则实施经济后果的分析，聚焦狭义层面的企业实施成本的研究相对较少。进一步细化到研究新准则在商业银行中的实施成本，并对其开展大样本实证研究或案例定量研究的寥寥无几，相关研究成果非常稀缺。

6.1.2 会计准则实施成本的研究方法

如前所述，现阶段新准则在我国商业银行中实施成本的研究成果并不丰富，主要约束条件包括以下几点：新准则从 2018 年起才开始逐步实施，相应的研究数据还在累积过程中；准则实施成本更接近于成本会计或管理会计的范畴，并不属于财务会计需要对外披露的信息，同时还涉及管理团队、管理流程、风险管理系统、信息技术系统等敏感的内部信息；此外，商业银行对其数据信息有着严格的保密要求。正是由于存在上述多方面的限制，新准则在商业银行中实施成本的研究议题更适合采用问卷调查、实地调研等方式展开。

德勤会计师事务所（2015）从 2013 年起连续 3 年对来自美洲、欧洲、中东、非洲、亚太地区的 50 余家全球大型银行开展调研，其中一项调研问题就是邀请参与调研的银行列出他们首次实施 IFRS 9 的预计成本及 IFRS 9 实施后的持续成本。在 50 多家银行中，只有为数不多的 7 家银行连续 3 年自愿参与这个问题的回答，其中一个很重要的原因在于，很多银行自己也无法对准则实施成本给出清晰的答案。这一点在 2015 年的第五次全球银行业调查中得到印证，有 64% 的调查对象认为他们不知道如果要完全符合 IFRS 9 的要求其实施成本总预算大致是多少。从 7 家连续 3 年参与该问题调研的银行的回答中可以得知，随着 IFRS 9 的最终稿在 2014 年发布，银行对 IFRS 9 实施成本的预算估计是连年增长的，2013 年的平均预算估计为 1 100 万欧元，2014 年达到 1 200 万欧元，而 2015 年则直接翻倍增长为 2 500 万欧元左右。

德勤会计师事务所（2015）在调研中采用的连续多年内对相同调研对象进行调研的方法与会计准则的渐进性导入过程相一致，该方法被帕西（Pawsey，2017）称为“纵向研究法（Longitudinal Approach）”。帕西采用该方法研究了澳大利亚企业从 2005 年起用 IFRS 替换本国会计准则的转换成本。在研究中帕西（2017）于 2005 年末至 2006 年初发放了第一轮调查问卷，重点关注准则的首次转换成本（Transitionary Cost）；在 2008 年末至 2009 年初又针对同一批企业发放了第二轮调查问卷，重点关注准则的后续实施成本（Ongoing Cost）。

尽管“纵向研究法”是相对合理的测度准则实施成本的方法，然而该方法需要投入大量的时间、资源和精力，所回收的问卷也无法确保数据的可信性，这就大大影响了理论界对会计准则实施成本开展定量研究的积极性，进而造成本领域相关研究成果较匮乏的现状。

6.1.3 会计准则实施成本框架的相关研究

准则制定机构曾提出过一个与准则实施成本框架较为接近的概念——财务报告成本。IASB 在其 2018 年 3 月发布的《财务报告概念框架 2018》中将财务报告成本定义为会计主体为提供财务报告而发生的各类成本，主要包括信息搜集成本、信息处理成本、信息验证成本和信息传播成本四类。

有学者或实务部门曾构建过会计准则的实施成本框架，并据此进行定量分析。例如，帕西（2017）从时间跨度的角度将准则实施成本分为首次转换成本和后续实施成本。首次转换成本主要包括会计信息系统更新与升级所花费的成本、员工培训的成本、与报表使用者的沟通成本、为实施准则而获得外部支持的成本（通过专题会议或专业书籍、使用外部评估师或精算师、增加临时雇员等方式实现）。后续实施成本主要包括财务信息系统软件和硬件的后续维护成本、员工培训和聘任成本、外部审计及外部专家的咨询成本、报表使用者后续沟通协调成本、报表编制的日常成本。与之类似的，在德勤会计师事务所 2013—2015 年对全球大型银行进行的实地调查中，也将 IFRS 9 在银行业的实施成本分为首次转换成本和后续实施成本。

更多的学者是对会计准则的实施成本框架进行了定性的探讨。例如，孟旭（2013）从财务报表列报的视角出发，以某上市公司为案例研究对象，模拟出分别符合现行财务报表列报要求及《财务报表列报征求意见稿员工草案》会计制度的两套财务报表。通过该模拟调整过程的推演，从政府、企业、财务人员、报表使用者四个方面总结了某项特定会计规则变更而可能发生的成本，并基于这四个方面给出了准则转换的成本框架。具体而言，政府的成本投入包括理论研究成本、准则制定成本、准则实施成本、准则实施情况监管成本；企业的成本投入包括审计会计信息系统成本、账户设置成本、审计成本；财务人员的成本投入包括相关培训和教育成本、记账成本；报表使用者的成本投入包括改进财务分析方法的成本和改进财务评价体系的成本。

6.1.4 新准则在商业银行中实施成本的相关研究

具体到新准则在商业银行中的实施成本，目前已有的研究成果大多来自实务部门，主要是归纳或总结了新准则在银行实施中可能出现的若干成本要素。例如，德勤会计师事务所（2015）对54家全球大型银行进行调查后发现，财务、信用、风险和信息技术等多方面的协调及资源方面的约束是IFRS 9实施的关键挑战。中国银行业协会和普华永道会计师事务所联合发布的《中国银行家调查报告（2017）》表明，我国商业银行为应对新准则实施在以下方面投入了大量人力和物力：信用损失模型的开发、完善和整改，模型检验、管理和业务流程优化、技术改进，数据收集，经济情景生成模型的开发、完善和整改。中国人民银行乌鲁木齐中心支行会计财务处课题组（2017）和中国农业银行四川省分行财务会计部课题组（2018）都认为新准则的实施对银行数据库及会计估值体系、相关业务管理及操作系统、部门横向沟通和矩阵式管理模式的建立、风险防范能力的提高、套期业务领域和国际化战略的拓展等都提出了新要求。

6.1.5 研究述评

综上所述，准则制定者、实务界和理论界对会计准则实施成本框架的理解并不一致，也尚未就新准则在商业银行中的实施成本给出一套相对权威或完整的成本框架或理论分析体系。

《财务报告概念框架2018》（IASB，2018）将会计主体为提供财务报告而发生的各类成本分为信息搜集成本、信息处理成本、信息验证成本和信息传播成本四类。该准则实施成本框架倾向于从独立第三方的立场及事后分析的视角展开，却较难直接对应到实务操作中，原因有以下两方面：一方面，由于新准则目前还在分步开展、全面推进的过程中，新准则的实施成本还在不断累积的过程中；另一方面，企业实施会计准则时，由于各项系统之间存在信息与数据共享，部分成本动因会反复出现在搜集、处理、验证和传播等多项成本类别中，这使得前述准则实施成本框架不便于从实务界获取准确的实施成本数据。

包括四大会计师事务所和各银行自行组织的课题调研组等在内，实务界在相关研究报告中也提到了新准则在商业银行中的实施成本，然而相关研究成果更接近于各项“碎片化”的成本要素，并未提出准则实施成本的整体框架。

理论界专门研究准则实施成本的学者并不多，相应的界定口径也宽窄不一。孟旭（2013）将财务报告所有利益相关者都囊括在内，界定过于广泛，成本发生的主体不明确。帕西（2017）研究了准则变革过程中的企业执行成本，但其所提出的“纵向研究法”在数据采集方面存在较大困难，限制了相关理论研究方法的推广。

此外，目前涉及新准则实施成本或变革成本的理论研究成果或研究报告，主要聚焦于对企业直接成本的定性研究，对直接成本的定量研究和对企业为执行准则而发生的各项间接成本的研究严重不足。主要原因有两方面：一方面，尽管准则实施的间接成本是广泛而客观存在的，但很难用货币衡量，如准则与其他相关规则之间的协调成本、为实施准则而发生的内部及内外部的沟通成本等。另一方面，对准则实施间接成本的研究很可能需要多学科交叉，如会计与税法、会计与金融监管等交叉。间接成本中的沟通成本更是超越了会计学的范畴，而更接近于心理学、社会学等领域的范畴。该理论研究本身就具有一定的难度。

6.2　基于准则执行者视角的新准则实施成本框架

新准则实施成本是 A 银行实地调研中的另一项重要议题。从 A 银行对调查问卷的反馈结果来看，A 银行对问卷第一部分“新准则的执行进度”和第二部分“执行新准则的财务报告成本总额”的填写非常完整，但是对第三部分“执行新准则的财务报告成本结构”基本未填写。通过现场沟通访谈，笔者发现 A 银行对调查问卷第二部分所设计的准则实施成本框架及其成本动因并不十分认同，继而也无从填写调查问卷第三部分。主要原因包括以下几方面。

（1）问卷调查中的新准则的实施成本框架（详见附录中附图 A1）是站在事后分析的立场，从银行外部视角对成本按性质进行分类，与银行渐进式推进新准则的实务流程不符。在实务中，准则实施成本通常是随着准则实施进度的推进而不断累积的。

（2）附图 A1 中的各类成本动因更多关注系统本身的更新和维护成本，而忽略了系统更新过程中，还需投入大量的人工调试成本。

（3）新准则在 A 银行的实施采用了全面推进的方式，很多成本类似于制造费用的性质，能够同时惠及信息搜集、信息处理、信息验证和信息传播等多个方面，很难将这些成本拆分出来，与这四项成本性质一一对应。

（4）由于 A 银行的信息技术系统多为内部开发，因此对系统的更新和开发成本更多地表现为内部员工的自主学习、工作压力、工作时长、工作技能的提升等形式，较难直接以货币形式计量。

（5）为了推进新准则的实施，A 银行专项实施小组自成立以来与证监会、银保监会、投资者、外部审计师、分析师、董事会、高管层、内部审计师等内外部各方面的沟通次数和沟通时长都有明显上升，但这部分无形的沟通成本较难以货币计量。

（6）在新准则推进的过程中，即使是通过外包形式可以货币计量的成本，如审计费用、咨询费用、员工培训费用等，也有部分是为了已有的常规性工作而支付的，当新需求与原有常规需求相裹挟时，相应的成本投入会表现出一定的成本黏性，而不一定会直接体现为成本的线性增长。以 A 银行为例，在新准则实施之后 A 银行年报审计的难度和工作量相应提高，然而会计师事务所很难将这部分成本直接转移给客户，而是更多地将这部分新增成本内化为事务所内部员工的专业技能提升。

根据 A 银行对准则实施成本及各项准则实施难度的反馈，笔者对新准则实施成本得出以下一些初步结论：A 银行从 2015 年起成立专项实施小组，至 2018 年年底已基本完成了新准则的整体实施，实施难度最高的是

CAS 22，其后依次为 CAS 37、CAS 24、《新报表格式》和 CAS 23。A 银行在上述各项具体准则和会计规则上发生的成本支出与实施难度大致相对应，最大的成本支出发生在 CAS 22 上，其次依次为 CAS 24、CAS 37 及《新报表格式》，在 CAS 23 上的新增成本可以忽略不计。从 2015 年至 2019 年 1 月，A 银行在新准则的导入和实施过程中，花费在系统更新和改造上的费用大约为 5 000 万元人民币，花费在员工培训、专家咨询费等方面的支出在 500 万元人民币左右，两者合计数约占 A 银行 2017 年度营业支出总额的 2%。

来自实务界的调研报告（德勤会计师事务，2013、2014、2015）和学者的理论研究（Pawsey，2017）都提到将新准则的实施成本或转换成本分为首次转换成本和后续实施成本两部分。在对 A 银行进行现场调研的过程中，笔者也发现，几乎所有的访谈对象均能较准确地描述新准则的实施进度及其分管的业务条线在各实施阶段中开展的具体工作，也能提供其在该实施阶段中投入的大致的工作时间，通过回忆或翻阅财务凭证也能回答当时发生的培训、咨询等费用的金额。

受已有理论研究成果及 A 银行现场访谈结果的启发，笔者拟对“首次转换成本和后续实施成本”的成本分类进行拓展，从准则执行者的角度，将新准则实施阶段与新准则所涉及的商业银行的各项业务结合起来，设计出新准则实施成本框架，如图 6.1 所示。

图 6.1 所示的新准则实施成本框架主要基于准则执行者的视角，从会计准则在微观经济体的实施过程出发，将首次转换成本细分至准则准备期和准则构建期两个阶段，将后续实施成本细分至准则实施期与推进改进期两个阶段。图 6.1 所示的新准则实施成本框架中的成本动因是新准则在各实施阶段可能涉及的相关具体工作，各项成本动因的成本支出形式又各有不同。上述新准则实施成本框架或将有助于准则执行者理解，从而有助于从商业银行中搜集其实施新准则的成本支出总额，分析其成本支出结构。

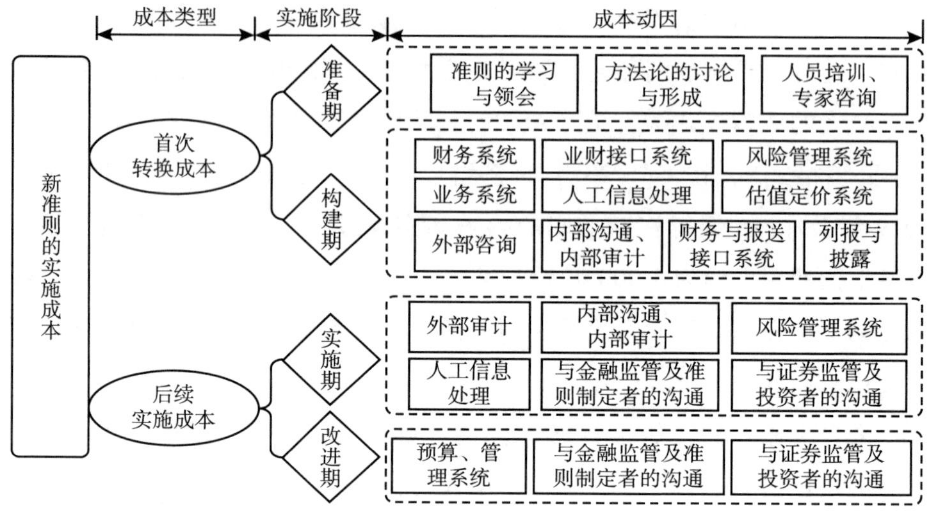

图 6.1　新准则实施成本框架

图 6.1 所示的新准则实施成本框架主要是以新准则实施阶段来逐层展开的。图 6.1 所列的各项成本动因又可大致分为三种类型：银行为实施新准则而发生的直接成本、银行为协调新准则与相关法律制度差异而发生的协调成本、银行与外界的沟通成本，以下分别详细阐述。

6.3　基于准则执行者视角的新准则实施成本要素

6.3.1　准则执行者为实施新准则的内部构建成本

本节具体阐述新准则在各实施阶段中的内部构建成本，即图 6.1 中的“成本动因”中由于导入新准则而投入的直接成本。

1. 准则准备期

准则准备期的成本动因主要来源于以下三方面：①准则的学习与领

会；②方法论的讨论与形成，即如何将准则修订要求落实到本单位的实务操作中；③针对新准则的修订开展的人员培训或专家咨询。前两者的成本支出形式主要表现为员工的学习、工作、讨论、沟通的时间、精力及工作压力，较难直接用货币计量，也不能简单地等同于相关员工的工资总和。第三项工作的成本支出形式较便于采用货币直接计量。

2. 准则构建期

准则构建期的成本动因较多，大致包括以下六方面。

（1）CAS 22 中的金融工具分类业务的成本支出主要涉及财务系统、业务系统、业财接口系统的数据共享与系统改造。当系统无法自动识别及完成金融资产分类时，可能还需要通过人工处理解决。

（2）CAS 22 中的金融工具计量业务的成本支出主要涉及估值定价系统、财务系统和风险管理系统。

（3）CAS 22 中的 ECL 模型是一项具有全局性影响的工作，其中的成本支出主要涉及风险管理系统、业务系统、财务系统、业财接口系统等。当 ECL 模型的预测效果不佳或出错时，还需要引入人工处理予以修正。如果某些工作无法通过内部资源实现时，还需通过咨询或外包等方式，依赖外部资源解决。

（4）CAS 37 及《新报表格式》的成本支出主要涉及对财务系统的报表列报及披露模块进行调整、对财务系统与监管报表（1104 表）之间的接口进行调整。

（5）在新准则构建期，在新准则专项实施小组内部及实施小组成员与银行管理层、董事会、内部审计等众多内部部门都需保持持续而频繁的沟通，以确保准则实施的方法是可理解、可接受的，过程是合规合理的。

（6）内部审计难度也将随之提高。

以上两部分都是为新准则的转换而进行的准备工作，其中构建期的成本支出要远高于准备期的成本支出。在那些主要通过外包方式采购或更新系统的商业银行中，构建期的成本支出更便于以货币计量。而在那些主要通过内部开发方式完成系统更新改造的商业银行中，构建期的成本支出则更多地表现为员工的工作压力和工作时间。正如 A 银行负责 ECL 模型开发的项目主管在调研访谈中提到的，“在新准则实施之前，我只有 20% 的工作精力分配在减值模型的开发、管理和维护上，而在新准则项目启动之后，我工作精力的 80% 左右都分配到了 ECL 模型的开发和维护上。”

3. 准则实施期

新准则完成首次转换进入实施期之后，系统更新改造的成本会大幅下降，而系统的运行及维护成本将大幅上升，一些需要长期更新修正的系统（如风险管理系统）仍需持续更新改造。内部沟通的频率会随着系统常态化运行而下降，而银行与其外部利益相关方的沟通与协调成本将大幅上升，原因在于新准则下的财务信息此时已经陆续传递至金融监管机构、税收征管部门、外部审计师、股东、债权人、贷款人等众多利益相关方。

4. 改进期

新准则使商业银行信用风险管理理念和方法得到较大提升，在新准则完成顺利过渡并平稳实施 1 ~ 2 年后，各项系统运行日渐常规化，新准则对内部管理效率的连带作用也进一步凸显出来。具体来看，为配合更新改造后的各项系统，对资金预算、资产管理、绩效评估等上下游管理系统要进行更新与完善，以提高新准则的外溢正效应。由于会计准则的变更对利益相关者的影响具有一定的滞后性，因此对外沟通协调成本也会是该阶段的主要成本支出之一。

综上所述，从可货币化衡量的成本支出来看，以上四个阶段的成本投入曲线可能呈现如图 6.2 所示的倒 U 型，即从新准则准备期开始，成本支出将逐渐上升，在准则构建期达到最高，进入准则实施期后，成本支出逐渐下降，进入准则改进期之后，成本支出又可能略有上升。

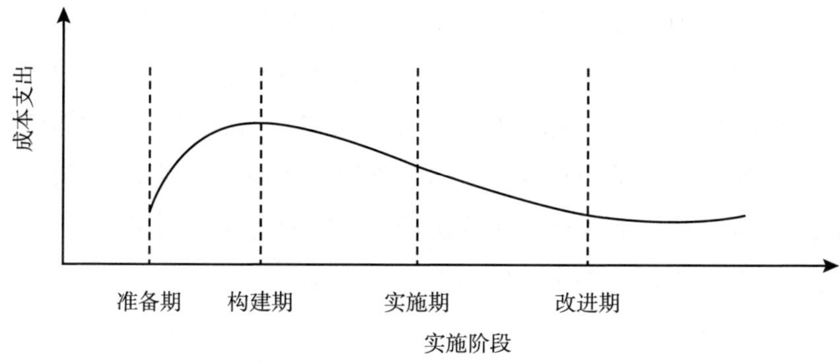

图 6.2　实施新准则的成本支出曲线

此外，新准则在实施中又存在很多不可货币化衡量的人力投入成本，四个阶段的人力成本投入可能都较大，只是具体表现形式各有不同。在准备期以管理层及执行层的自我学习，以及执行层的内部交流讨论为主；在构建期以相关执行人的时间投入（用于系统开发、测试、修正等）及其与管理层的沟通协调为主；在实施期以相关执行人的时间投入（用于系统维护和差错修正等）及其与内外部利益相关方的沟通协调为主；提升期又可进一步划分出准备期、实施期和构建期三个子阶段，其中准备期以管理层和相关执行人的提升式学习为主，实施期以具体执行人的时间投入及银行内各部门之间的沟通协调为主，构建期又主要以具体执行人的时间投入及其与管理层的沟通协调为主。

6.3.2　准则执行者为协调新准则与金融监管的调整成本

银保监会对商业银行的金融监管强度远高于会计准则制定机构对商业银行的监督力度。对商业银行而言，不仅需要以会计准则为标准编制其财务报告，还需要将其调整为符合金融监管要求的 1104 表，并对外报送。由于新准则对金融工具的表内确认和表外披露及财务报表列报等都进行了修订，自然而然地就需要进一步协调新准则与金融监管标准之间的差异。

此外，新准则也并非一味地向金融监管标准靠拢，也有后者向前者调整的情形。例如，2018 年 12 月 14 日，我国银保监会发布了《关于做好 2019 年银行业非现场监管报表填报工作的通知》，其中对《各项资产减值减值准备情况表》的修订就体现了对新准则的协调，前者调整了新准则实施情况的识别方式，要求银行按其执行新准则的实际情况填写，具体包括完全实施、部分实施、完全不实施三个状态选项。

6.3.3 准则执行者为协调新准则与税法规定的调整成本

我国企业所得税法仅对资本利得中已实现的部分征税，同时也只允许扣除银行实际的信用风险损失，并不对其中的公允价值变动的浮亏浮盈部分征税，也不允许在税前扣除金融资产减值准备。这两项财税差异的纳税调整要求从 2007 年版的《企业所得税法实施条例》起执行至今，因此，尽管 CAS 22 下金融资产重分类可能导致以公允价值计量的金融资产范围增加，ECL 模型的实施也可能导致金融资产减值准备的上升，但企业进行纳税调整的思路并无重大不同。与之相对的，CAS 24 的进入门槛下降，可能使得商业银行越来越多地涉足衍生金融工具套期保值业务。相对于 CAS 22 而言，CAS 24 上的财税差异及其纳税调整的过程更复杂（邵丽丽和朱长胜，2019），两者之间的协调成本也更高。

商品期货是一种相对简单的衍生金融工具，以下借鉴并拓展邵丽丽和朱长胜（2019）的研究思路，模拟演示企业如何以新准则为依据对商品期货套期保值业务的多种情形进行会计核算并形成财务报表，继而又如何遵从企业所得税法要求，以财务报表项目调整为企业应纳税所得额的过程。从套期会计准则向企业所得税法调整的这一过程，在一定程度上也体现了企业在会计准则与税法规定之间的协调成本。

1. 新套期会计对商品期货业务的规定

商品期货既可用于投机套利，也可用于套期保值，两种使用意图在会计核算时分别适用 CAS 22 和 CAS 24，这两套会计处理方法的主要差异在于：前者将商品期货视为一项独立存在的衍生金融工具投资活动，将其损益直接计入当期损益（未处置时计入公允价值变动损益，已处置时计入投资收益）；而后者将商品期货视为套期保值业务中的一部分，将商品期货损益中的有效套期部分与被套期项目的损益在相同会计期间的当期损益或其他综合收益相互抵消。为了实现这一效果，CAS 24 在被套期项目的会计核算方面对传统会计理论有较大突破，具体表现为：当被套期项目是存货时，将其历史成本的计量属性调整为公允价值；当被套期项目是未确认的确定承诺时，对其进行提前确认；当被套期项目是极可能发生的预期交易时，其现金流量累计变动也有可能影响财务结果①。

2. 企业所得税法对商品期货业务的规定

与会计准则相比，现行企业所得税法对商品期货业务的规定显得相对薄弱。无论是 2018 年 12 月第二次修正后的《中华人民共和国企业所得税法》（以下简称《企业所得税法》），还是 2007 年公布实施、2019 年首次修订的《企业所得税法实施条例》，都未直接提到衍生金融工具、商品期货或套期业务，也未对商品期货业务提出明确规定。在国家税务总局 2017 年年底发布的《企业所得税年度纳税申报表（A 类，2017 年版）》（以下简称《纳税申报表》）也只提到了 3 次衍生金融工具和 1 次套期业务。现将相关规定总结如下：

由于《企业所得税法》并不区分资本利得和经营利得，而对各项损益按统一税率征收企业所得税，因此无论商品期货是作为投资工具影响资本利得，还是作为套期工具影响经营利得，其所得税纳税原则是相同的，即当商品期货交割获得投资收益时，以其交易价格减去计税基础计算应纳税所得额，而当商品期货交割产生损失时，该项资产损失可在税前扣除；期

① 下面将结合案例对此三点进行详细阐述。

货在未交割之前的公允价值变动损益均不计入应纳税所得额。这意味着，《企业所得税法》对商品期货的认定与 CAS 22 的立场基本相同。

根据《企业所得税法》第八条和《企业所得税税前扣除凭证管理办法》（国家税务总局公告 2018 年第 28 号）的相关规定，企业的成本支出以实际支出为准。这意味着，《企业所得税法》与 CAS 24 对被套期项目的立场大相径庭，前者并不认可存货以公允价值计量，也不认可承诺协议的提前确认，更不考虑未来预期交易对税收的影响。

综上所述，商品期货投机业务在会计准则和所得税法中的兼容性较强，从财务数据到纳税申报之间的对接较顺畅。与之相对，会计准则对商品期货套期业务的规定较复杂，《企业所得税法》的相关规定也不明确，两者的基本立场存在较大差异。这些现实状况都可能对企业所得税纳税实务造成困扰，以下将重点围绕商品期货套期业务的会计核算、利润表列示和所得税纳税申报进行案例分析。

3. 商品期货套期业务的会计核算

根据 CAS 24 的相关规定，在商品期货套期业务中被套期项目不同时将适用不同的会计核算程序，以下将假设被套期项目分别是存货、未确认的销售或采购承诺，或者未来极可能发生的预期采购或销售时的三种案例情形，分别展示这三个案例的会计核算过程及利润表的列示。

为简化起见，这三个案例均假设企业采用 1∶1 完全套保策略，即套期工具和被套期项目数量相同，期货保证金比例为 10%，期货到期以净额结算。所有会计核算不考虑采购和销售环节的增值税，也不考虑期货每日结算制度的影响。

案例 6－1　被套期项目为“存货”

企业 T_0 期有一批原材料，预计到 T_1 期完成加工实现销售，由于担心从 T_0 到 T_1 期间内产品价格下跌，使未来销售收入减少，因而选择在 T_0 期卖出一份 T_1 期到期的同品种期货。假设在套期关系存续期内原材料价格走势与预期相反，而原材料价格的上涨使企业在套期工具上损失 100 元，而在被套期项目上收益 80 元，其他金额见表 6－1。

案例 6－1 是对已确认资产的公允价值变动风险敞口进行套期。根据 CAS 24 第 3 条的分类，该案例为公允价值套期，其表内确认可依据 CAS 24 第 22 条的规定，将套期工具产生的利得或损失计入当期损益，将被套期项目因被套期风险敞口形成的利得或损失计入当期损益，同时调整未以公允价值计量的已确认被套期项目的账面价值。相关会计处理见表 6－1。

表 6－1　　案例 6－1 的会计核算过程　　单位：元

期间	套期工具	被套期项目
T_0 期	缴纳期货保证金	存货按其账面价值转入被套期项目
	借：存出保证金　50 　贷：银行存款　50	借：被套期项目　500 　贷：存货　500
T_1 期	确认期货从 T_0 期至 T_1 期的公允价值变动	确认存货从 T_0 期至 T_1 期的公允价值变动
	借：套期损益　100 　贷：套期工具　100	借：被套期项目　80 　贷：套期损益　80
	对商品期货进行净额交割	销售实现，确认收入
	借：套期工具　100 　贷：银行存款　100	借：银行存款　650 　贷：主营业务收入　650
	收回期货保证金	销售实现，结转成本
	借：银行存款　50 　贷：存出保证金　50	借：主营业务成本　580 　贷：被套期项目　580
	套期结束，结转套期无效部分的损益	
	借：投资收益　20 　贷：套期损益　20	

表 6－1 中的会计核算过程表明，在案例 6－1 中将存货转到被套期项目科目下核算，使其计量属性从历史成本转为公允价值，这一会计处理方

法使得企业在实现销售时的结转成本并非存货的历史成本 500 元，而更接近销售时的公允价值 580 元。

该套期业务是在同一会计年度还是跨越了两个不同的会计年度完成的，又会进一步影响该业务在利润表中的列示，以下分两种情形具体列示。

（1）套期业务在同一会计年度内完成。

如果 T_0 和 T_1 在同一会计年度内，根据表 6－1 所列的会计核算，应当在本年度利润表中列示“营业收入”650 元，“营业成本”580 元，“投资收益”－20 元，这－20 元是套期结束后从“套期损益”转出的本期借方发生额 100 元与贷方发生额 80 元对冲后的净额。

（2）套期业务跨两个会计年度完成。

如果 T_0 期和 T_1 期跨两个会计年度，则还需在第一个会计年度的资产负债表日确认套期工具与被套期项目的公允价值变动。假设套期工具与被套期项目的公允价值变动在前后两个会计期间内各为 40% 和 60%。此时，在 T_0 期利润表中列示“公允价值变动收益”－8 元，是本期套期工具损失的 40 元①与被套期项目收益的 32 元②在“套期损益”科目中对冲后的余额。在 T_1 期利润表中列示“营业收入”650 元，“营业成本”580 元，“投资收益”－12 元，这－12 元是套期结束后从“套期损益”转出的本期借方发生额 60 元③与贷方发生额 48 元④对冲后的净额。

案例 6－2　被套期项目为“销售或采购承诺”

根据被套期项目是销售承诺还是采购承诺，案例 6－2 又可进一步分为两种情形。

情形 1：企业 T_0 期签订了一份法律协议，承诺在 T_1 期以 500 元采购

① =100×40%。
② =80×40%。
③ =100×60%。
④ =80×60%。

固定数量的原材料，由于担心从 T_0 期到 T_1 期内的市场价格下跌，造成错买，因而选择在 T_0 期卖出一份 T_1 期到期的同品种期货。假设在套期关系存续期内，该原材料的价格上涨，使得期货亏损 100 元而现货收益 80 元。其他金额见表 6－2。

情形 2：企业 T_0 期签订了一份法律协议，承诺在 T_1 期以 500 元销售固定数量的产成品，由于担心从 T_0 期到 T_1 期的市场价格上涨，造成错卖，因而选择在 T_0 期买入一份 T_1 期到期的同品种期货。假设在套期关系存续期内，该产成品的价格下跌，使得期货亏损 100 元而现货收益 80 元。其他金额见表 6－2。

案例 6－2 的两种情形都是对未确认确定承诺的公允价值变动风险敞口进行的套期，根据 CAS 24 第 3 条的规定，该案例为公允价值套期，其表内确认也遵循 CAS 24 第 22 条规定。与案例 6－1 不同之处在于，案例 6－2 无须“调整未以公允价值计量的已确认被套期项目的账面价值”。两种情形下的会计处理只在承诺执行时有差异，具体见表 6－2。

表 6－2　　案例 6－2 两种情形下的会计核算过程　　单位：元

期间	套期工具	被套期项目
T_0 期	缴纳期货保证金	
	借：存出保证金　50 　贷：银行存款　50	
T_1 期	确认商品期货从 T_0 期至 T_1 期的公允价值变动	确认被套期项目从 T_0 期至 T_1 期的公允价值变动
	借：套期损益　100 　贷：套期工具　100	借：被套期项目　80 　贷：套期损益　80

续表

<table>
<tr><th>期间</th><th>套期工具</th><th colspan="2">被套期项目</th></tr>
<tr><td rowspan="6">T_1 期</td><td>对商品期货进行净额交割</td><td>情形 1：执行采购承诺</td><td>情形 2：执行销售承诺</td></tr>
<tr><td>借：套期工具 100
贷：银行存款 100</td><td rowspan="3">借：存货 580
贷：银行存款 500
被套期项目 80</td><td>确认收入</td></tr>
<tr><td>收回期货保证金</td><td rowspan="2">借：银行存款 500
贷：主营业务收入 420
被套期项目 80</td></tr>
<tr><td>借：银行存款 50
贷：存出保证金 50</td></tr>
<tr><td colspan="2">套期结束，结转套期无效部分的损益</td><td>结转成本</td></tr>
<tr><td>借：投资收益 20
贷：套期损益 20</td><td></td><td>借：主营业务成本 400
贷：存货 400</td></tr>
</table>

表 6－2 中的会计核算过程表明，案例 6－2 情形 1（情形 2）中的被套期项目为采购承诺（销售承诺），将 T_0 期至 T_1 期原材料价格上涨（产成品价格下跌）的 80 元在“被套期项目”科目中予以确认，本质上是提前确认了这项确定承诺，这一会计处理方法使存货（主营业务收入）的入账成本并非承诺中的协议价格 500 元，而更接近实际采购（销售）时的公允市价 580 元（420 元）。

案例 6－2 的两种情形在套期业务是否跨期完成的不同情景下，在利润表上的列示与案例 6－1 较接近，具体如下。

（1）套期在同一会计年度内完成。

如果 T_0 期和 T_1 期在同一会计年度内，案例 6－2 情形 1 下利润表列示“投资收益” －20 元，情形 2 下利润表列示“营业收入”420 元，“营业成本”为转出存货的历史成本 400 元，“投资收益” －20 元。

（2）套期跨会计年度完成。

如果 T_0 期和 T_1 期跨两个会计年度，假设套期工具与被套期项目的公允价值变动在前后两个会计期间内各为 40% 和 60%。案例 6－2 情形 1 下 T_0 期利润表列示“公允价值变动收益” －8 元，T_1 期利润表列示“投资收益” －12 元。情形 2 下，T_0 期利润表列示“公允价值变动收益” －8 元，T_1 期利润表列示“营业收入”420 元、“营业成本”400 元及“投资收益” －12 元。

案例 6 －3　被套期项目为“极可能发生的预期采购或销售交易”

根据被套期项目是预期采购还是预期销售，案例 6 －3 又可进一步分为以下两种情形。

情形 1：企业在 T_0 期预计 T_1 期极可能发生采购业务，由于担心从 T_0 到 T_1 期内的市场价格上升，造成 T_1 期的成本上升，因而选择在 T_0 期买入一份 T_1 期到期的同品种期货。假设在套期关系存续期内，原材料的价格下降，套期工具产生公允价值损失 100 元，被套期项目产生公允价值收益 80 元。其他金额见表 6 －3。

情形 2：企业在 T_0 期预计 T_1 期极可能发生销售业务，由于担心从 T_0 到 T_1 期间内的市场价格下跌，造成 T_1 期的收入下降，因而选择在 T_0 期卖出一份 T_1 期到期的同品种期货。假设在套期关系存续期内，产成品的价格上升，套期工具产生公允价值损失 100 元，被套期项目产生公允价值收益 80 元。其他金额见表 6 －3。

案例 6 －3 是对极可能发生的预期交易的现金流量变动风险敞口进行的套期。根据 CAS 24 第 3 条的规定，该案例属于现金流量套期。其表内确认可依据 CAS 24 第 24 条和第 25 条的相关条款规定，将套期工具产生的利得或损失中属于套期有效的部分作为现金流量套期储备①，计入其他综合收益，属于套期无效部分则计入当期损益。如果被套期项目为预期交易，且该预期交易使企业随后确认一项非金融资产或非金融负债的，将原在其他综合收益中确认的现金流量套期储备金额转出，计入该资产或负债的初始确认金额（如案例 6 －3 情形 1）。除此之外，在被套期项目的预期现金流量影响损益的相同期间，将原在其他综合收益中确认的现金流量套

① 该金额应当按照下列两项的绝对额中较低者确定：套期工具自套期开始的累计利得或损失；被套期项目自套期开始的预计未来现金流量现值的累计变动额。

期储备金额转出，计入当期损益（如案例6－3情形2）。两种情形下的会计处理只在预期交易执行时有差异，具体见表6－3。

表6－3 案例6－3两种情形下的会计核算过程 单位：元

<table>
<tr><th>期间</th><th>套期工具</th><th colspan="2">被套期项目</th></tr>
<tr><td rowspan="2">T_0期</td><td>缴纳期货保证金</td><td colspan="2"></td></tr>
<tr><td>借：存出保证金 50
贷：银行存款 50</td><td colspan="2"></td></tr>
<tr><td rowspan="10">T_1期</td><td>确认商品期货从T_0期初至T_1期末的公允价值变动</td><td colspan="2"></td></tr>
<tr><td>借：其他综合收益
——套期储备 80
套期损益 20
贷：套期工具 100</td><td colspan="2"></td></tr>
<tr><td>对商品期货进行净额交割</td><td>情形1：预期采购发生</td><td>情形2：预期销售发生</td></tr>
<tr><td>借：套期工具 100
贷：银行存款 100</td><td rowspan="4">借：原材料 580
贷：银行存款 500
其他综合收益——套期储备 80</td><td>确认收入</td></tr>
<tr><td>收回期货保证金</td><td rowspan="3">借：银行存款 500
贷：主营业务收入 420
其他综合收益
——套期储备 80</td></tr>
<tr><td>借：银行存款 50
贷：存出保证金 50</td></tr>
<tr><td></td></tr>
<tr><td colspan="2">套期结束，结转套期无效部分的损益</td><td>结转成本</td></tr>
<tr><td>借：投资收益 20
贷：套期损益 20</td><td></td><td>借：主营业务成本 400
贷：存货 400</td></tr>
</table>

表6－3中的会计核算过程表明，在案例6－3中，期货的公允价值损失总额是100元，预期交易在同期的公允价值收益总额是80元，两者中的较低者是现金流量套期的有效部分，这意味着商品期货总损失中的80元影响存货入账成本（情形1）或营业收入（情形2），而剩余的20元则直接计入投资收益。换言之，在套期会计下，尽管未来预期交易并未确

认，但也在一定程度上影响了会计核算过程。

案例 6 - 3 中的两种情形在套期业务是否跨期完成的不同情景下，在利润表上的列示如下。

（1）套期在同一会计年度内完成。

如果 T_0 期和 T_1 期在同一会计年度内，“其他综合收益——套期储备”无余额，情形 1 下利润表列示“投资收益” -20 元；情形 2 下利润表列示“主营业务收入”420 元，“主营业务成本”400 元，为存货以历史成本转出，以及“投资收益” -20 元。

（2）套期跨会计年度完成。

如果 T_0 期和 T_1 期跨在两个会计年度，假设套期工具与被套期项目的公允价值变动在两个会计期间内各为 40% 和 60%。此时，情形 1 下 T_0 期利润表列示“公允价值变动收益” -8 元、“现金流量套期储备”[①] -32 元，为“其他综合收益——套期储备”的本期借方发生额 32 元。T_1 期利润表列示“主营业务收入”420 元、“主营业务成本”400 元、“投资收益” -12 元、“现金流量套期储备”32 元，为“其他综合收益——套期储备”的本期借方发生额 48 元和贷方发生额 80 元对冲后的余额。

4. 商品期货套期业务的财税差异及纳税调整

按照企业所得税法对商品期货套期业务的相关要求，需将商品期货作为投资工具，而将被套期项目按实际支出的标准调整回来。由于《纳税申报表》中的《一般企业收入明细表》和《一般企业成本支出明细表》对营业收入和营业支出项目的要求是“填报纳税人按照国家统一会计制度核算”，但并未明确要求将套期会计的使用对营业成本或营业收入的影响调整回来。这就意味着企业可能采用全面调整 CAS 24 的财务结果填写《纳税申报表》，进行所得税申报，也可能直接以 CAS 24 的财务结果为起点填

① 在利润表“其他综合收益的税后净额”大类下的“将重分类进损益的其他综合收益”下。

写《纳税申报表》，进行所得税申报。

以下将详细比较这两种纳税申报做法下的各期应纳税所得额。由于套期是否在同一会计年度内完成将影响各期利润表金额，因此通过表 6－4 和表 6－5 分别列示。

表 6－4　　套期业务不跨期时的应纳税所得额

案例 6－1	主营业务[①]	投资收益	应纳税所得额
全面调整 CAS 24 的财务结果	650－500	－100	50
以 CAS 24 的财务结果为起点	650－580	－20	50
案例 6－2 和案例 6－3 情形 1	主营业务	投资收益	应纳税所得额
全面调整 CAS 24 的财务结果	存货 500[②]	－100	－100/相同[④]
以 CAS 24 的财务结果为起点	存货 580[③]	－20	－20/相同
案例 6－2 和案例 6－3 情形 2	主营业务	投资收益	应纳税所得额
全面调整 CAS 24 的财务结果	500－400	－100	0
以 CAS 24 的财务结果为起点	420－400	－20	0

注：①“主营业务”是营业收入减去营业成本的数字。
②为存货的计税基础。
③为存货的入账成本。
④详见表 6－5 后的文字注释。

表 6－5　　套期业务跨期时的应纳税所得额

套期跨年度完成	Panel A　第一年		Panel B　第二年		
案例 6－1	公允价值变动损益	应纳税所得额	主营业务	投资收益	应纳税所得额
全面调整 CAS 24 的财务结果	－40	0	650－500	－60	50
以 CAS 24 的财务结果为起点	－8	0	650－580	－12	50

续表

套期跨年度完成	Panel A　第一年		Panel B　第二年		
案例 6 - 2 和 案例 6 - 3 情形 1	公允价值变动损益	应纳税所得额	主营业务	投资收益	应纳税所得额
全面调整 CAS 24 的财务结果	-40	0	存货 500	-60	-100/相同①
以 CAS 24 的财务结果为起点	-8	0	存货 580	-12	-20/相同②
案例 6 - 2 和 案例 6 - 3 情形 2	公允价值变动损益	应纳税所得额	主营业务	投资收益	应纳税所得额
全面调整 CAS 24 的财务结果	-40	0	500 - 400	-60	0
以 CAS 24 的财务结果为起点	-8	0	420 - 400	-12	0

注：①②如果第二年该批存货完全未销售，则当期应纳税所得额即为当期投资收益；反之，如果该批存货全部实现销售，则当期应纳税所得额相同。

表6-4 和表6-5 中的结果表明：如果被套期项目是存货（案例 6-1）、未确认的销售承诺（案例6-2 情形2）和极可能发生的预期销售业务（案例6-3 情形2），则无论企业选择全面调整 CAS 24 的财务结果进行纳税申报，还是选择以 CAS 24 的财务结果为起点进行纳税申报，也无论套期是否跨会计年度完成，企业各期的应纳税所得额完全相同。如果被套期项目是未确认的采购承诺（案例6-2 情形1）和极可能发生的预期采购业务（案例6-3 情形1），当套期未完成时，两种纳税申报做法下的应纳税所得额相同，均为0；然而当套期已完成时，两种做法下的应纳税所得额可能有所差异。具体而言：在税法标准下，本期可税前抵扣的资产损失

为 100 元①，存货的计税成本是其采购时的实际支出 500 元；而在套期会计标准下，本期申报抵扣的资产损失为 20 元②，存货的入账成本是 580 元。如果这批存货当期全部销售出去，则两种做法下的应纳税所得额又是相同的。但是如果这批存货当期全部未销售，则应纳税所得额会出现 80 元的差异，是套期工具公允价值变动（案例 6－2 情形 1）或现金流量变动（案例 6－3 情形 1）中的有效套期部分。该差异会随着这批存货的销售进度而逐步减少。

5. 套期业务的纳税调整成本

通过对上述 3 个案例的会计核算和应纳税所得额的演示，可以较为合理地推断，当企业将其套期业务从会计准则向税法调整时，相应的调整过程较为复杂，其间的调整成本较高，原因有以下三方面。

首先，表 3－10 汇总了 25 家上市商业银行所使用的衍生金融工具品种，表 4－14 汇总了 8 家银行的套期业务及套期会计的实施情况，从中可知，实务中的衍生金融工具和套期业务远比上面所列举的这 3 个案例、两种情形要复杂得多。具体来看：套期工具除商品期货之外，还包括远期、期权、互换等在内的各种衍生金融工具；套期会计类型除了公允价值套期和现金流量套期外，还有境外经营净投资套期；套期策略除了静态套期外，还有动态套期。

其次，如前面所述，目前企业所得税法对套期业务的企业纳税申报并未进行明确规定。企业在纳税申报实务中可能基于不同的理解采用不同的方法，进而计算出不同的应纳税所得额。

最后，在前面展示财务数据与纳税申报数据的调整过程时，假设各项会计核算和纳税申报的计算过程都是正确的，在实务中还可能出现由于调整过程中的误差或对新准则及税收政策的理解偏误，而造成的潜在的惩罚成本。

---

① 本期投资收益－60 元，再进一步调减上一期未实现的公允价值变动损益 40 元。

② 本期投资收益－12 元，再进一步调减上一期未实现的公允价值变动损益 8 元。

6.3.4 准则执行者与利益相关者的沟通成本

1. 与投资者和分析师的沟通成本

CSMAR 数据服务中心的投资者关系数据库收录了深圳证券交易所通过“互动易”平台收集的上市公司对投资者提问进行的回复。受到数据限制，该投资者关系数据库中仅收录了平安银行、宁波银行、江阴银行、张家港银行和青岛银行这5家在深圳交易所上市的A股或A+H股上市银行的相关信息。其中有两家银行在其信息披露中提到了新准则的影响，其中，平安银行从2017年6月至2018年2月期间在回复投资者关于资本充足率的问题时多次指出“资本充足率是金融监管关注的重点，近期的一系列新的要求，包括：内部资本充足评估程序（Internal Capital Adequacy Assessment Proces，ICAAP）、IFRS9、宏观审慎评估体系（Macro Prudential Assessment，MPA）等，对资本充足率都有附加的要求。整个行业都面临资本充足率要求提高的形势。”除平安银行之外，青岛银行也对新准则的实施对其财务业绩指标的影响进行了详细的解释（详见4.9.1节相关内容）。

2. 与审计师的沟通成本

无论是从对A银行进行实地走访所获得的一手资料中，还是从对会计师事务所中多位资深审计师的调研资料中，笔者都发现新准则在商业银行中的实施会大幅增加银行与内外部审计师之间的沟通时间和沟通难度。然而由于成本黏性的存在，这一沟通成本的上升较难同比例地直接体现在审计费用报价中。

以下将基于Wind数据库收录的16家A股和A+H股上市银行的审计费用分析探讨新准则的实施对商业银行审计费用的影响。与4.8节的分析思路相类似，将这16家上市银行按其在2018年是否已实施新准则又进一步分成4个子样本，在表6-6中列出了该4个子样本2015—2018年的审计费用占营业成本比例的相关统计信息。此外，为了更清晰地推断新准则的实施对商业银行审计费用的影响，将表6-6中的年度均值数据以折线图的形式在图6.3中展现出来。

表6-6　2015—2018年上市银行的审计费用占营业成本的比例

银行类型	是否已实施新准则	样本数/家	最小值	均值	中位数	最大值
			审计费用/营业成本（2015年）			
大型商业银行	是	5	0.0220	0.0496	0.0459	0.0877
全国性股份制银行	否	6	0.0090	0.0132	0.0126	0.0176
	是	2	0.0098	0.0114	0.0114	0.0129
城/农商银行	否	3	0.0210	0.0236	0.0231	0.0267
			审计费用/营业成本（2016年）			
大型商业银行	是	5	0.0205	0.0469	0.0431	0.0808
全国性股份制银行	否	6	0.0066	0.0112	0.0110	0.0165
	是	2	0.0102	0.0109	0.0109	0.0116
城/农商银行	否	3	0.0197	0.0203	0.0199	0.0214
			审计费用/营业成本（2017年）			
大型商业银行	是	5	0.0373	0.0481	0.0405	0.0824
全国性股份制银行	否	6	0.0072	0.0130	0.0130	0.0180
	是	2	0.0109	0.0120	0.0120	0.0132
城/农商银行	否	3	0.0180	0.0205	0.0215	0.0220
			审计费用/营业成本（2018年）			
大型商业银行	是	5	0.0338	0.0484	0.0422	0.0842
全国性股份制银行	否	6	0.0076	0.0129	0.0121	0.0184
	是	2	0.0113	0.0116	0.0116	0.0118
城/农商银行	否	3	0.0155	0.0172	0.0170	0.0190

资料来源：Wind数据库。

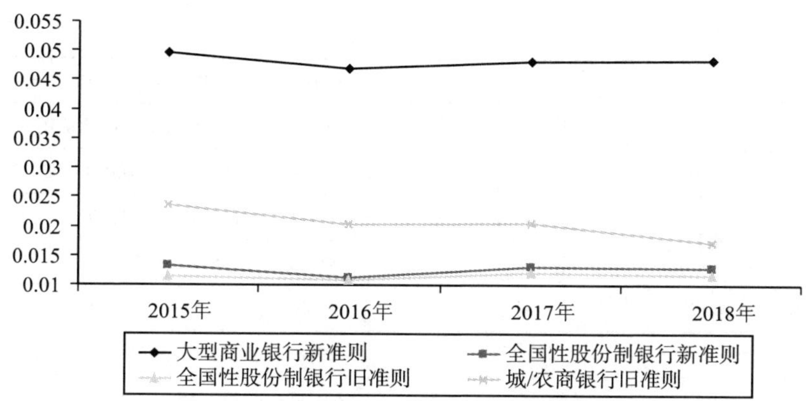

图 6.3　各类上市银行审计费用/营业成本的变化趋势

表 6－6 和图 6.3 中的结果表明，大型商业银行的审计费用占营业成本的比例远高于其他类型商业银行。从时间序列的角度看，各类银行的审计费用占营业成本的比例在多年间保持相对稳定。此外，全国性股份制银行（新、旧准则）的两条趋势线几乎重合，仅在 2018 年度，执行新准则的全国性股份制银行的折线图略高于未执行新准则的同类银行，这表明全国性股份制银行中的审计收费黏性较高，换言之，新准则的实施并未导致全国性股份制银行审计费用的显著提高。

表 6－7 和图 6.4 以各家上市商业银行 2015 年的审计收费为基数，纵向比较了 4 个子样本 2016—2018 年审计费用的增长情况，具体见表 6－7。

表 6－7　　2016—2018 年上市银行审计费用的增长幅度

银行类型	是否已实施新准则	样本数/家	最小值	均值	中位数	最大值
			2016 年审计费用/2015 审计费用/（%）			
大型商业银行	是	5	81.44	93.88	94.70	101.09
全国性股份制银行	否	6	63.40	98.02	82.69	176.34
	是	2	100.00	103.34	103.34	106.68
城/农商银行	否	3	97.72	99.86	100.00	101.86

续表

银行类型	是否已实施新准则	样本数/家	最小值	均值	中位数	最大值
			2017 年审计费用/2015 审计费用/(%)			
大型商业银行	是	5	81.44	110.62	100.47	179.61
全国性股份制银行	否	6	77.42	113.77	97.92	202.26
	是	2	100.00	105.12	105.12	110.24
城/农商银行	否	3	89.06	98.93	101.86	105.86
			2018 年审计费用/2015 审计费用/(%)			
大型商业银行	是	5	81.44	127.55	108.41	248.00
全国性股份制银行	否	6	92.13	126.85	108.41	218.17
	是	2	113.92	118.38	118.38	122.83
城/农商银行	否	3	78.13	95.82	101.86	107.49

资料来源：Wind 数据库。

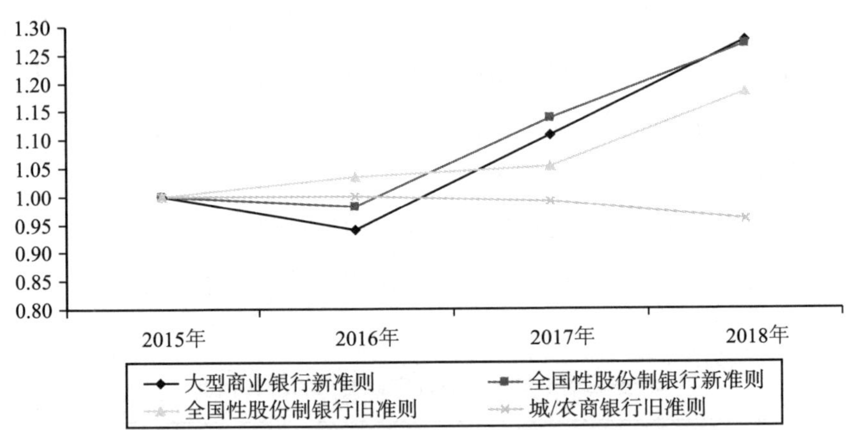

图 6.4　各类上市银行审计费用增长幅度的变化趋势

表 6 -7 和图 6.4 中的结果表明，在那些实施旧准则的城/农商银行中，近 4 年的审计费用基本持平，在 2018 年出现了小幅下降，而在大型商业银行和全国性股份制银行中，近 4 年的审计费用从 2016 年起保持了稳定的增长，各类商业银行（无论是否实施新准则）的增长幅度相仿。

表 6－6 和表 6－7 与图 6.3 和图 6.4 的结果均支持了“审计费用具有一定的成本黏性”的推断，新准则的实施所引起的审计工作量和工作难度的上升并未直接体现到审计收费中，上述推断在 A 银行实地调研中也得到了佐证。这也进一步表明，新准则的实施成本不应只考虑可货币化衡量的成本支出部分，还应当充分考虑那些未被货币量化的，表现为时间、精力和压力的各项间接成本。

第7章　降低新准则实施成本的路径研究

7.1　新准则实施成本的影响因素

7.1.1　原有金融工具业务对新准则实施成本的影响

1. 金融工具业务总量对新准则实施成本的影响

新准则主要针对金融工具（包括金融资产和金融负债）的分类、计量、减值、套期、列报与披露等，因此银行原有的金融工具业务总量越多，实施新准则的成本通常会越多。

2. 金融工具业务结构对新准则实施成本的影响

第5章的实地调研结果表明，CAS 22 的实施成本最高，其中 ECL 减值模型的实施成本又高于资产分类与计量的实施成本，其次是 CAS 37 及报表格式调整，再次是 CAS 24，而 CAS 23 所引起的增量成本几乎可以忽略不计。因此金融资产在 AC、FVOCI、FVTPL 类型上的分布，以及金融负债在 AC 和 FVTPL 类型上的分布，不仅会影响 ECL 减值的范围，还会影响金融资产的分类与计量，继而影响报表列示与信息披露。此外，金融工具业务结构越复杂，财务报表数据与 1104 报表之间的协调成本也越高。

3. 金融产品类型对新准则实施成本的影响

对贷款及垫款、金融投资、表外信贷承诺与担保等金融产品而言，产品结构越接近于仅为本金与利息支付，产品条款越标准化，则其进行 SPPI 测试时碰到的问题就越少，能够通过信息系统进行标准化解决的程度就越高，从而需要人工判断和调整的成本投入也越小。

7.1.2 原有技术基础对新准则实施成本的影响

1. 原有数据储备的数量与质量

ECL 模型需要庞大的数据资料来支撑，如果缺乏持续评估信用风险的模型、流程、数据和专业知识等，将会使微观经济体运用 ECL 模型时困难重重（邱月华和曲晓辉，2016）。由此可见，银行拥有的信用风险信息的数量和质量都会对实施成本带来直接影响。原有数据数量越多、质量越好，则 ECL 建模所需新增的成本投入相对越少。

2. 原有信息系统的自行开发程度

如果原有信息系统绝大部分为自行开发，则后期投入成本主要表现为内部员工的时间和精力的投入、系统更新与维护等；如果原有信息系统的外包程度较高，则后期投入成本也会更多地表现为外部咨询和软硬件采购等。

3. 原有内部人员的专业能力与学习能力

新准则的筹备期短、上线时间紧迫，员工工作时间和工作压力是新准则实施中一项重要的成本投入。在德勤会计师事务所（2015）开展的全球银行业第五次调查的报告中，有60%的银行认为他们的组织内没有实施 IFRS 9 项目所需的足够的技术资源，这主要是指内部员工的经验与专业能力。

4. 原有信贷风险管理标准与水平

原有信贷风险管理标准是严格还是宽松，都将影响银行对资产信用风险状况的判断，体现为各银行的不良贷款偏离度的个体差异较大（详见表3－8），贷款三阶段的划分标准各不相同。而ECL模型对处于不同信用风险阶段的金融资产的减值方法并不一致，所涉及的模型设计和模型管理成本也各有差异。通常而言，当金融资产的信用风险从第一阶段下迁至第二阶段时，与ECL模型相关的实施成本可能出现跳跃式增长。

7.1.3 宏观经济环境对新准则实施成本的影响

1. 开始实施新准则时的宏观经济环境

新准则在2018—2021年针对不同类型的微观经济主体逐步推进。如果某银行开始实施新准则时经济处于下行阶段，则会影响银行对金融资产信用风险的三阶段划分，表现为更多的金融资产被划分至第二阶段，甚至第三阶段，ECL模型构建难度更高。如果宏观经济环境中的利率风险、汇率风险等波动性较强，则会影响银行的套期保值业务量，继而影响其在CAS 24 上的成本投入。

2. 银行经历过的宏观经济周期

ECL模型对现有资产减值模型最大的改进是在模型中纳入前瞻性信息的调整，在此过程中必然需要加入宏观经济周期指标。如果商业银行未经历一个完整的经济周期，则一方面会影响其对宏观经济数据的积累，另一方面也会影响其对各类金融资产风险极端情形的理解，从而影响其在 ECL 模型构建上的成本投入。

7.1.4 外部资源的可获得性对新准则实施成本的影响

德勤会计师事务所（2015）开展的全球银行业第五次调查的报告中，有 75% 的银行认为有必要从外部市场获取技术资源来弥补内部技术不足，甚至有 26% 的银行认为外部市场也不一定有足够的资源满足 IFRS 9 的实施需求。新准则自 2018—2021 年针对不同类型的微观经济体逐步推进，这意味着不同的微观经济体应对该准则的准备时间不同。通常而言，有更多时间准备的银行可能拥有一定的后发优势，从同行、会计师事务所、专业咨询公司等途径获得的可资借鉴的外部资源也会越多，从而降低其在新准则上的实施成本。

将以上四点与第 3 章的研究发现相结合，可以得到以下推断：新准则不仅是对会计制度本身的调整，还是对传统信用风险管理理念的改变，对会计信息功能定位的重塑，是一项牵一发而动全身的系统性工程。我国商业银行金融工具业务普遍占比较高，这使新准则的实施成本也成为准则制定者和准则执行者无法忽视的现实问题。此外，对众多尚未开始执行新准则的非大型商业银行而言，相对于成熟的大型商业银行，其金融工具业务结构可能更复杂，金融产品标准化程度相对较低，原有内部技术基础相对较弱，加之选择实施新准则时的经济环境尚存在不确定性，都可能造成其在新准则实施上的成本投入更高、更无法准确预估。然而由于非大型商业银行实施新准则的准备期相对较长，从同行、专业咨询机构、外部专家等途径获取外部经验和资源相对容易，能部分缓解新准则实施成本过高的问题。

7.2 降低新准则实施成本的政策建议

7.2.1 银保监会与准则制定者通力合作，减少准则变更对金融稳定的影响

银行的金融监管指标多建立在其财务数据的基础上，因此会计准则的变更不仅会对财务绩效产生影响，还会对金融监管产生影响。

如果银行首次实施新准则时经济正处于下行期，则 CAS 22 资产减值准备计提的新要求必然对其财务业绩产生一定的负面影响，如果此时又处于金融监管收紧的政策周期内，则可能对银行的生产经营产生双重压力。此时需要金融监管者与准则制定者加强沟通合作，动态调整其监管要求，在一定程度上降低对银行业产生双重负面影响的可能性。

如果方法得当，甚至还可能实现金融稳定与准则推进两者相辅相成的局面，以下就是一个较鲜活的例子。2018 年 2 月 28 日银监会印发《关于调整商业银行贷款减值准备监管要求的通知》，决定调整商业银行贷款减值准备监管要求，具体调整内容为：拨备覆盖率的监管要求由 150% 调整为 120% ~150%，贷款拨备率的监管要求由 2.5% 调整为 1.5% ~2.5%，并按照同质同类、一行一策的原则，明确商业银行贷款减值准备监管要求，并将“逾期 90 天以上贷款纳入不良贷款的比例”和“对风险分类结果的准确性”等作为资质考核的因素。该差异化监管措施一方面有助于缓解银行实施新准则对利润、拨备、资本充足率等方面的负面冲击，另一方面有助于促使银行自发地执行新准则中的金融资产分类及信用风险三阶段划分的要求。

7.2.2 银行业协会重视事后调研，注重经验的总结和推广

新准则是分年度在不同类型的银行中分步实施的，同时又允许银行提前实施。在 2018—2021 年的过渡期内，有的银行起步早，有的银行起步晚。建议可由银行业协会牵头组织银行实务界、会计师事务所、评级机构等，围绕新准则在商业银行实施中的瓶颈及难点、实施中的成本总额及成本结构等实务议题，开展现场调研，总结部分银行的优秀经验，为目前尚未完成准则转换的上市城/农商银行及为数众多的非上市银行提供相关培训或指导。这些外部资源的可获得性或将大大减少新准则实施中不必要的试错成本，缩短新准则在银行业中的整体转换进程，缓解财务数据及表外披露信息在准则变更的过渡期内可比性下降的问题，减少由于新准则实施而给金融监管部门、工商税务部门、投资者、债权人等各利益相关者带来的会计信息分析、理解和使用成本上升的问题。

7.2.3 准则制定者接收实务界反馈，提供后续细化辅导

财政部曾在新准则的征求意见阶段在典型行业和典型银行中开展过充分的调研和模拟测算（中国人民银行乌鲁木齐中心支行会计财务处课题组，2017）。为进一步帮助实务界理解新准则，在新准则颁布之后不久又发布了 CAS 22、CAS 24、CAS 37 等具体准则的应用指南。尽管 2018 年 12 月颁布的新准则应用指南提供了丰富的案例解析，但商业银行实务远比案例丰富得多，也复杂得多，随着新准则在各类商业银行中逐步推进，越来越多的实务问题也会浮出水面。

建议准则制定机构与包括银行业协会、保险行业协会、证券投资基金业协会、会计师事务所等在内的行业组织加强合作，一方面通过行业组织将新准则的理念及逻辑与金融业的行业及业务特征更好地结合起来，予以

宣传推广；另一方面，通过行业组织征集汇总来自实务界的反馈意见，及时提供进一步的实施指导意见。在条件成熟且不涉及保密数据时，可以将这些反馈意见中提到的各类实务案例编纂成册，为准则执行者提供更多的准则实施细化辅导，降低银行对会计准则的实施成本，降低其因误解新准则或实施不当而引起的行政处罚或政策风险。

7.2.4 准则制定者允许新准则实施的某些专项支出资本化

在此轮新准则实施过程中，银行采用内部开发或外包等方式，在信息技术系统、算法模型、估值方法等各方面投入了大量的人力物力，使银行风险管理能力和管理效率得到提高。由此可见，与新准则实施相关的内部信息系统类似于“非专利技术”性质的无形资产，因此银行对其系统开发的投入通常可以资本化，然而在系统开发过程中发生的技术咨询、专家咨询等成本，则通常会被视为费用处理。

新准则对商业银行的影响是全局性的，是信用风险管理理念的改变，对系统、技术、算法等软硬件都提出了很高的要求。为新准则的实施而引入外部技术支持或咨询专家的现象在大型商业银行中普遍存在，这笔费用对一些中小型银行而言更是不可低估。据此建议准则制定机构可酌情考虑，在银行实施新准则的过程中，对某些关键信息系统进行外购、更新、升级、改造过程中发生的专项的技术咨询费、专家咨询费等，满足一定条件的，应当允许其资本化为无形资产，而非全部费用化。

7.2.5 引导理论界开展会计准则建设的应用型研究

从 2014 年起，我国会计准则体系正在高速更新、完善，并与 IFRS 持续趋同，近年来陆续颁布了多项实施难度较高的具体会计准则的修订稿。在准则变更的过渡期内也会出现不同银行采用不同会计准则、不同银行采用同一会计准则、同类银行采用不同会计准则、同类银行采用同类会计准则 4 种交叉组合，不仅降低了财务数据及表外披露信息在行业内的可比性，还使得已有的行业平均经验数据变得不再可靠，亟须获得新的支撑数据和典型案例。然而，目前相关理论研究较多集中在对新准则的理论或应用难点进行事前探讨，对准则实施效果的研究主要集中在准则转换的经济后果方面，较少涉及银行实务中的具体技术问题或成本支出问题，这在一定程度上削弱了理论研究对实务应用的指导价值。

建议由中国会计学会牵头，与会计准则委员会、银行业协会等通力合作，围绕新准则在商业银行中的实施难点、实施效果、实施成本等实务议题，通过发布应用型研究课题、举办专题研讨会、发布相关理论研究成果等多个途径，鼓励理论界对会计准则体系建设及成果更多地开展应用型研究，为准则制定机构、金融监管部门、银行实务部门提供更多可资借鉴的基础数据、典型案例、实务做法和理论指导。例如，中国会计学会在 2018 年围绕我国会计准则体系建设与信息披露设立了多项会计科研课题，在 2019 年举办了多场课题成果报告会，相关的研究成果可通过会计学会的平台进一步发挥正面效应。

7.2.6 银行统筹推进相关工作，有效分摊新准则实施成本

2016 年 9 月 27 日，银监会印发了关于《银行业金融机构全面风险管理指引》的通知，要求各银监局，各政策性银行、大型银行、股份制银行、邮储银行、外资银行、金融资产管理公司及其他金融机构遵照执行，目的就是提高银行业金融机构的全面风险管理水平，促进银行业体系安全稳健运行。

2017 年包括中信银行、浦发银行、民生银行、兴业银行、光大银行、华夏银行、平安银行等在内的多家股份制银行提交了申请报告，想获批成为继 2014 年之后第二批实施资本管理高级方法的商业银行，按照资本管

理高级方法的要求，这些银行需在体制机制、内部控制、计量模型、信息系统等各方面都满足严格的实施条件。

由此可见，无论是外部压力推动银行业开展全面风险管理，还是银行在内部动力推动下主动申请实施资本管理高级方法，都与新准则对银行的信息化程度、信息技术系统和风险管理水平等方面的要求一致。将经营发展中的相关工作交融互通、统筹推进或将有助于将新准则的实施成本分摊到各项工作中。

7.2.7 银行加强资源整合，提高新准则实施的内部正效用

当新准则的“绝对”实施成本无法降低时，在既定的成本上获得更多的收益也相当于降低了新准则实施的“相对”成本。

在中国银行业协会和普华永道会计师事务所联合发布的《中国银行家调查报告（2017)》中，参与调研的银行表示，对于银行董事会而言，新准则给银行战略、压力测试、资源配置、业务计划、投资组合分布、定价和风险偏好等方面带来的影响将是他们未来几年内关注的重点。

银行可以借助新准则实施的契机，进一步提高以下几方面的正效用：提高银行整体的信用风险管理能力，提高信息化程度，提升内部员工的专业能力和技术素质，借助新准则修订对业绩评价系统、资产管理系统等进行适配性升级改造，改变存短贷长的资产负债错配格局，侧重发展期限短、变现能力强的债券或短期资产，降低减值对利润和资本的侵蚀。

7.2.8 银行加强自身约束，减少新准则实施中的外部负效应

新准则不仅需要准则实施主体付出直接成本，还可能出现后续的外溢成本，减少后续的外部负效应也将有助于降低准则实施的潜在成本。可能的负效应包括以下两方面。

1. 出于多种动机进行利润操控

对银行而言，金融监管通常是强约束、强执行，而会计准则的实施则偏于弱约束、弱执行，当新准则复杂难懂、执行成本过高，又没有足够的资源帮助银行实现过渡转换时，有可能出现用金融监管要求倒推财务数据的行为，有时甚至会因此而出现“数出多门”，无法内部勾稽核验的逻辑错误。

此外，在会计准则变更过渡期，个别商业银行可能会借助新准则的实施进行业绩“大洗澡”，有时甚至连专业投资者都无法清楚地识别出金融工具减值的变化是由业务总量或业务布局造成的，还是由新准则的变更造成的。

2. ECL 使用不当冲击资本市场的表现

2018 年年末至 2019 年年初，随着上市公司 2018 年报表披露的临近，与资产减值相关的问题在资本市场上引发了不少争议和分歧，有的甚至冲击资本市场的正常秩序。例如，实体企业对并购商誉计提减值准备出现了众多“爆雷事件”（杨秀红等，2019），证券公司对大额股票质押计提资产减值准备，造成上市券商的营业收入与净利润增速分化严重（刘链，2019），这些事件给投资者带来了很大冲击，也牵动着投资者敏感的神经。由实体企业推演到商业银行，同样也需注意新准则引入 ECL 模型可能引发金融资产减值上升，继而给资本市场带来较大冲击的可能性。

附　录　A 银行调研所采用的调查问卷

尊敬的________银行财务主管：

您好！

2017 年由财政部印发修订的《企业会计准则第 22 号——金融工具确认和计量》《企业会计准则第 23 号——金融资产转移》《企业会计准则第 24 号——套期会计》《企业会计准则第 37 号——金融工具列报》（以下分别简称 CAS 22、CAS 23、CAS 24 和 CAS 37，四者并称《新准则》）。在境内外同时上市的企业以及在境外上市并采用国际财务报告准则或企业会计准则编制财务报告的企业，自 2018 年 1 月 1 日起施行；其他境内上市企业自 2019 年 1 月 1 日起施行；执行企业会计准则的非上市企业自 2021 年 1 月 1 日起施行。同时，鼓励企业提前执行。与《新准则》相配套的，财政部于 2018 年 12 月针对金融企业财务报表格式进行了修订，要求已执行《新准则》的金融企业执行或参照执行新的财务报表格式。

《新准则》的执行以及与之配套的报表格式的修订，必然引起财务报表编制成本的变化，为此特邀贵银行协助完成本问卷调查，问卷内容包含三部分：①《新准则》及报表格式修订的执行进度；②执行《新准则》及报表格式修订的财务报告成本总额；③执行《新准则》及报表格式修订的财务报告成本结构。

本调查问卷的结果有助于准则制定者更准确地掌握《新准则》及报表格式修订在我国商业银行执行中的进度、难点与症结，从而提供更好的指导和服务。此次问卷调查结果仅用于学术研究用途。

再次感谢您对本次问卷调查的协助与支持！

一、《新准则》的执行进度

1. 为应对《新准则》的施行，贵行是否已成立实施小组？（　　）

A. 是　　　　　　　　B. 否

2. 贵行《新准则》实施小组涉及以下（　　）。（不定项选择）

A. 财务部门

B. 业务部门

C. 风险管理部门

D. 内控、合规部门

E. 投资者关系部门

F. 其他部门，如：____________

3. 贵行从________年进入《新准则》的实质性准备阶段。

4. 您认为在《新准则》及报表格式修订中，执行难度从难到易依次排列为（　　）、（　　）、（　　）、（　　）、（　　）。

A. 《CAS 22 金融工具确认和计量》

B. 《CAS 23 金融资产转移》

C. 《CAS 24 套期会计》

D. 《CAS 37 金融工具列报》

E. 财务报表格式调整

5. 至调研之日，贵行对《新准则》及报表格式修订的准备程度如何？（有具体数字的，可填具体比例，无具体比例的，可选以下范围）

《CAS 22 金融工具确认和计量》的准备程度累计已达到（　　）。

《CAS 23 金融资产转移》的准备程度累计已达到（　　）。

《CAS 24 套期会计》的准备程度累计已达到（　　）。

《CAS 37 金融工具列报》的准备程度累计已达到（　　）。

财务报表格式调整的准备程度累计已达到（　　）。

A. 0% ~20%　　B. 20% ~40%　　C. 40% ~60%

D. 60% ~80%　　E. 80% ~100%

6. 您认为贵行执行《新准则》有哪些影响？（不定项选择）

《CAS 22 金融工具确认和计量》的影响包括（　　）。

《CAS 23 金融资产转移》的影响包括（　　）。

《CAS 24 套期会计》的影响包括（　　）。

《CAS 37 金融工具列报》的影响包括（　　）。

财务报表格式调整的影响包括（　　）。

A1. 与风险管理实务更接近

A2. 与风险管理实务差距更大

B1. 缓解财务数据的顺周期性

B2. 提高财务数据的顺周期性

C1. 与金融监管标准更一致

C2. 与金融监管标准的差距更大

D1. 有助于向投资者解释财务信息

D2. 不利于向投资者解释财务信息

E. 其他影响，如：____________________

二、执行《新准则》的财务报告成本总额

1. IASB 在其 2018 年 3 月发布的《财务报告概念框架 2018》中将财务报告成本定义为会计主体为提供财务报告而发生的各类成本，包括信息搜集成本、信息处理成本、信息验证成本和信息传播成本。结合《新准则》及报表格式调整所涉及的金融资产/负债的分类与计量、资产减值、套期会计、信息披露等会计事项，将上述四类成本对应至具体的成本动因项目中，具体如附图 A1 所示。

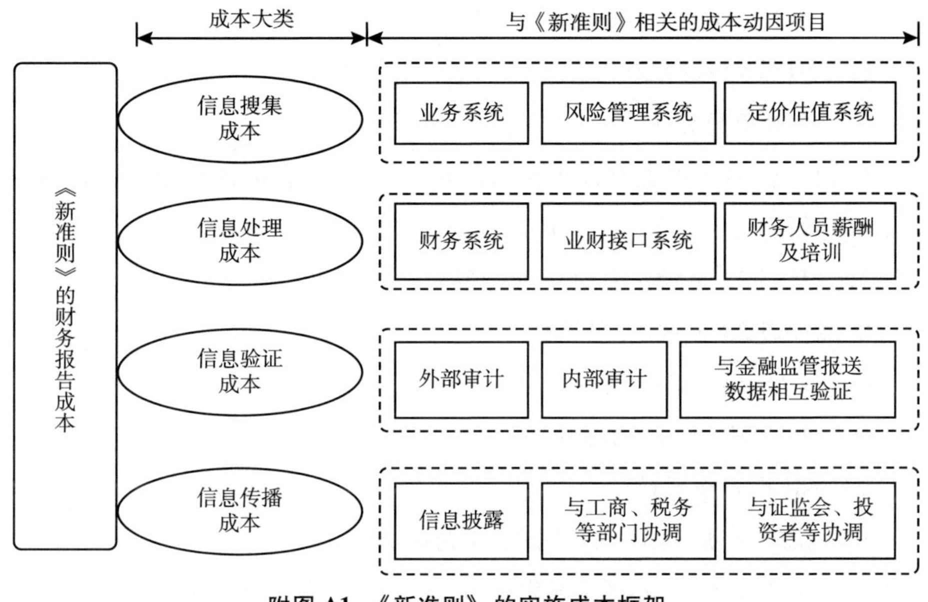

附图 A1 《新准则》的实施成本框架

您认为，附图 A1 是否涵盖了贵行（准备）执行《新准则》及报表格式调整过程中所有的准则实施成本？（　　）

A. 成本大类不完整，还应包括__________

B. 成本大类完整，但成本动因项目不完整，在__________成本大类下还应包括__________

C. 成本大类完整，成本动因项目完整，但成本动因项目的归属不当，应调整为____

D. 成本大类完整，成本动因项目完整，且归属恰当

2. 从贵行准备实施《新准则》至 2018 年年底，已发生的财务报告成本支出约为（　　）人民币，其中用于系统开发、改造、维护约占（　　）%，用于本行相关工作人员工资、培训、劳务支出约占（　　）%。（有数字的可填具体数字，无数字的，可选以下范围）

A. 0～500 万元

B. 500 万元～1 000 万元

C. 1 000 万元 ~ 1 500 万元

D. 150 万元 ~ 2 000 万元

E. 2 000 万元以上

3. 已发生的成本支出分布在《新准则》及报表格式调整上，从高到低依次排列为（　　）（　　）（　　）（　　）（　　）。

A. 《CAS 22 金融工具确认和计量》

B. 《CAS 23 金融资产转移》

C. 《CAS 24 套期会计》

D. 《CAS 37 金融工具列报》

E. 财务报表格式调整

三、执行《新准则》的财务报告成本结构

1. 信息搜集成本明细（附表 A1）及动因分析（附表 A2）

附表 A1　　信息搜集成本明细　　单位：万元

成本支出项目	成本动因项目		
	业务系统	风险管理系统	定价估值系统
开发成本			
改造成本			
维护成本			

填写说明：

①如执行《新准则》需要重新开发业务系统，则将重新开发系统的累计金额填在（开发成本，业务系统）的空格中；

②如执行《新准则》是在原有业务系统上更新改造，则将更新改造的累计金额填在（改造成本，业务系统）的空格中；

③如执行《新准则》需对原有或新业务系统进行日常维护，则将执行《新准则》至 2018 年底的系统维护成本累计金额填在（维护成本，业务系统）的空格中；

④附表 A1、附表 A3、附表 A5、附表 A7 中所有（成本支出项目，成本动因项目）空格的填写方法参考以上 3 点。

附表 A2　　相关会计事项对各信息搜集成本动因的影响程度

会计事项	成本动因项目		
	业务系统	风险管理系统	定价估值系统
金融工具确认和计量			
金融资产减值			
套期会计			
列报与披露			

填写说明：

①用 1～5 衡量影响程度，1 为完全无影响；2 为有较小影响；3 为有一定影响；4 为有重大影响；5 为有根本性影响。

②每个空格中都需填写 1～5 中的某个数字，例如，在贵行执行《新准则》过程中，若金融资产减值的会计事项对业务系统的投入成本产生根本性影响，则在（金融资产减值，业务系统）的空格中填 5。

③附表 A2、附表 A4、附表 A6、附表 A8 中所有（会计事项，成本动因项目）空格的填写方法参考以上两点。

2. 信息处理成本明细（附表 A3）及动因分析（附表 A4）

附表 A3　　信息处理成本明细　　单位：万元

成本支出项目	成本动因项目		
	财务系统	业财接口系统	财务人员薪酬及培训
开发成本			
改造成本			
维护成本			

附表 A4　　相关会计事项对各信息处理成本动因的影响程度

会计事项	成本动因项目		
	财务系统	业财接口系统	财务人员薪酬及培训
金融工具确认和计量			
金融资产减值			
套期会计			
列报与披露			

3. 信息验证成本明细（附表 A5）及动因分析（附表 A6）

附表 A5　　信息验证成本明细表　　单位：万元

成本支出项目	成本动因项目		
	外部审计	内部审计	与金融监管数据相互验证
开发成本			
改造成本			
维护成本			

附表 A6　　相关会计事项对各信息验证成本动因的影响程度

会计事项	成本动因项目		
	外部审计	内部审计	与金融监管数据相互验证
金融工具确认和计量			
金融资产减值			
套期会计			
列报与披露			

4. 信息传播成本明细（附表 A7）及动因分析（附表 A8）

附表 A7　　信息传播成本明细表　　单位：万元

成本支出项目	成本动因项目		
	信息披露	与工商、税务等部门协调	与证监会、投资者等协调
开发成本			
改造成本			
维护成本			

附表 A8　　相关会计事项对各信息传播成本动因的影响程度

会计事项	成本动因项目		
	信息披露	与工商、税务等部门协调	与证监会、投资者等协调
金融工具确认和计量			
金融资产减值			
套期会计			
列报与披露			

本次问卷调查到此结束，感谢您的支持与配合！

参 考 文 献

[1] 安永会计师事务所. 中国上市银行2017年回顾及未来展望 [R/OL]. (2018-05-21) [2019-07-24]. http://www.ey.com/Publication/vwLUAssets/ey-china-listed-banking-report-2017-cn/$FILE/ey-china-listed-banking-report-2017-cn.pdf.

[2] 毕马威会计师事务所. 2017年中国银行业调查报告 [R/OL]. (2017-07-05) [2019-07-01]. https://assets.kpmg.com/content/dam/kpmg/cn/pdf/zh/2017/07/2017-mainland-china-banking-survey.pdf.

[3] 毕马威会计师事务所. 2018年中国银行业调查报告：暨银行业20大课题研讨 [R/OL]. (2018-11-05) [2019-09-02]. https://assets.kpmg/content/dam/kpmg/cn/pdf/zh/2018/10/2018-mainland-china-banking-survey.pdf.

[4] 财政部会计司课题组，刘玉廷. 我国上市公司2008年执行企业会计准则情况分析 [J]. 会计研究，2009 (7)：12-21.

[5] 蔡琦梁. 中小板公司实施新会计准则半年回顾与分析 [J]. 证券市场导报，2007 (12)：24-28.

[6] 陈继初. 我国会计准则执行的影响因素实证研究 [J]. 山东社会科学，2011 (10)：100-103.

[7] 戴文涛，刘秀梅，陈红，等. 会计准则改革提高了审计费用吗？[J]. 会计研究，2017 (2)：29-34.

[8] 德勤会计师事务所. IFRS 9 对银行业的影响：第 4 次全球 IFRS 银行业调查及对中国银行业的影响 [R/OL].（2014－08－02）[2019－10－05]. https：//www2. deloitte. com/cn/zh/pages/financial－services/articles/ifrs－9－and－banking－industry. html.

[9] 德勤会计师事务所. 第5次全球IFRS银行业调查寻找出路 [R/OL].（2015－12－04）[2019－05－12]. https：//www2. deloitte. com/cn/zh/pages/financial－services/articles/fifth－global－ifrs－banking－survey. html.

[10] 黄艾舟. 中国商业银行实施新金融工具准则的挑战和应对 [J]. 金融会计，2018，292（3）：27－38.

[11] 黄世忠. 后危机时代公允价值会计的改革与重塑 [J]. 会计研究，2010（6）：201－203.

[12] 黄世忠. 金融工具前瞻性减值模型利弊评析 [J]. 金融会计，2015（1）：42－45.

[13] 李峰，吴海霞. IFRS 9 预期信用损失模型对银行业的影响与实施建议 [J]. 证券市场导报，2015（12）：45－50，56.

[14] 李玉雯. 90天以上逾期贷款计入不良 多家银行净利润大幅下降 [N]. 每日经济新闻，2019－01－29.

[15] 李祎，刘启亮，李洪. IFRS、财务分析师、机构投资者和权益资本成本：基于信息治理观视角 [J]. 会计研究，2016（10）：26－33.

[16] 刘峰. 会计准则变迁 [M]. 北京：中国财政经济出版社，2000.

[17] 刘链. 券商大幅计提资产减值何时休 [N]. 证券市场周刊，2019－02－14.

[18] 刘颖，施丹，王秉坤. 会计准则与监管规则的协调路径：基于 IFRS 9 下商业银行贷款风险分类与预期损失模型三阶段划分的研究 [J]. 金融会计，2016（9）：20－25.

[19] 刘玉廷，王鹏，薛杰. 企业会计准则实施的经济效果：基于上

市公司 2009 年年度财务报告的分析 [J]. 会计研究, 2010 (6): 3-12.

[20] 孟旭. 改进财务报表列报的成本效益研究 [D]. 哈尔滨: 东北林业大学, 2013.

[21] 普华永道会计师事务. 2018 年上半年中国银行业回顾与展望 [R/OL]. (2018-09-04) [2019-06-22]. 银行业快讯. https://www.pwccn.com/zh/press-room/press-releases/pr-200918.html.

[22] 邱月华, 曲晓辉. 后金融危机时期金融工具国际准则的发展及启示 [J]. 会计研究, 2016 (8): 3-9.

[23] 邵丽丽, 朱长胜. 商品期货套期业务的财税处理差异及纳税调整示例 [J]. 财务与会计, 2019 (13): 50-52.

[24] 宋非洁. 新金融工具会计准则对我国上市银行的影响分析 [J]. 金融会计, 2018, 291 (2): 25-32.

[25] 王菁菁, 刘光忠. 金融工具减值预期损失模型的演进与会计准则体系变迁: 兼评 IASB《金融工具: 预期信用损失》征求意见稿 [J]. 会计研究, 2014 (5): 37-43.

[26] 王立彦, 张继东. 新会计准则实施后果的经济区域性差异: 制度经济学视角的分析 [J]. 经济科学, 2009, 31 (6): 85-100.

[27] 王世军, 晁艺璇, 孟星辰. 金融工具确认和计量准则的修订对银行业的影响分析: 以 A 股上市银行为例 [J]. 金融发展研究, 2018 (2): 70-75.

[28] 吴水澎, 徐莉莎. 新会计准则实施的效果: 从价值相关性的角度 [J]. 经济与管理研究, 2008 (6): 61-66.

[29] 辛继召. IFRS 9 重构银行"金融投资"收益、预期负债比翼同增 [N]. 21 世纪经济报道, 2018-11-02.

[30] 杨秀红, 张建锋, 王颖. A 股最大业绩爆雷潮: 商誉减值压顶还是财务造假之祸? [N]. 财经杂志, 2019-01-31.

[31] 叶康涛, 臧文佼. 会计准则国际趋同的经济后果: 一个分析框

架［J］. 中南财经政法大学学报，2018（1）：3－12.

［32］易玄，谢志明，刘丽娜. 我国新企业会计准则实施效果的实证［J］. 统计与决策，2010（18）：141－143.

［33］张金良. 预期损失模型对商业银行的影响及应对［J］. 金融会计，2015（1）：37－38.

［34］中国农业银行四川省分行财务会计部课题组. 新金融工具会计准则实施对我国商业银行的影响及应对：以核算与交易相分离模式为例［J］. 金融会计，2018（3）：41－46.

［35］中国农业银行预期损失模型课题组，姚明德. 金融资产减值理论分析及预期损失模型最新进展［J］. 金融会计，2012（7）：3－14.

［36］中国人民银行乌鲁木齐中心支行会计财务处课题组. 新金融工具会计准则对我国银行业的影响及对策研究［J］. 金融发展评论，2017（8）：91－102.

［37］中国银行财务管理部会计准则课题组，肖永东，周肖萍. IFRS 9 有限修订及对商业银行的影响［J］. 金融会计，2013（5）：3－9.

［38］中国银行财务管理部课题组，刘承钢. 商业银行衍生产品套期保值管理及套期会计应用研究［J］. 金融会计，2017（8）：14－24.

［39］中国银行业协会，普华永道会计师事务所. 中国银行家调查报告（2017）［M］. 北京：中国金融出版社，2017.

［40］Chhaochharia V, Grinstein Y. Corporate Governance and Firm Value: The Impact of the 2002 Governance Rules［J］. *Journal of Finance*, 2007, 62（4）：1789－1825.

［41］European Banking Authority（EBA）. *Report on results from the EBA impact assessment of IFRS* 9［R/OL］.（2016－11－12）［2019－05－12］. https://eba.europa.eu/file/38586/download? token=iXaKDB6h.

［42］Farajpour A, Dehghany M, Shahidi A R. The costs and benefits of IFRS implementation in the UK and Italy［J］. *Journal of Applied Accounting Re-*

search, 2013, 14 (1): 172 - 200.

[43] Financial Report Council (FRC). IFRS 9 The Matic Review: Review of Interim Disclosures in the First Year of Application [R/OL]. (2018 - 11 - 05) [2019 - 11 - 20]. https://www.frc.org.uk/getattachment/36a9673b - a16a - 49d8 - 85d8 - 750c5f45bcd1/IFRS - 9 - thematic - review - of - interims.pdf.

[44] Fox A, Hannah G, Helliar C, et al. The Costs and Benefits of IFRS Implementation in the UK and Italy [J]. *Journal of Applied Accounting Research*, 2013, 14 (1): 86 - 101.

[45] Hossain, Hasan, Safiuddin. Adoption of International Financial Reporting Standards in Bangladesh: Benefits and Challenges [J]. *Journal of Business and Management*, 2015 (17): 16 - 24.

[46] International Accounting Standards Board (IASB). *Conceptual Framework for Financial Reporting* [M]. London: Foundation's Publications Department, 2018.

[47] Loyeung A, Matolcsy Z, Weber J, et al. The Cost of Implementing New Accounting Standards: The Case of IFRS Adoption in Australia [J]. *Australian Journal of Management*, 2016, 41 (4): 611 - 632.

[48] Pawsey N L. IFRS Adoption: A Costly Change that Keeps on Costing [J]. *Accounting Forum*, 2017 (41): 116 - 131.

[49] Szychta A, Kabalski P. Poland. *IFRS in a Global World* [M]. London: Springer International Publishing, 2016.

[50] Taylor D W. Costs - benefits of Adoption of IFRSs in Countries with Different Harmonization Histories [J]. *Asian Review of Accounting*, 2009, 17 (1): 40 - 58.

[51] Tyrrall D, Woodward D, Rakhimbekova A. The Relevance of International Financial Reporting Standards to a Developing Country: Evidence from Kazakhstan [J]. *International Journal of Accounting*, 2007, 42 (1): 82 - 110.